香港名穴掌故鈎沉

周樹佳 著

www.cosmosbooks.com.hk

書　　名	香港名穴掌故鈎沉（增補修訂版）	
作　　者	周樹佳	
責任編輯	王穎嫻	
美術編輯	楊曉林	
出　　版	天地圖書有限公司	
	香港黃竹坑道46號新興工業大廈11樓（總寫字樓）	
	電話：2528 3671	傳真：2865 2609
	香港灣仔莊士敦道30號地庫（門市部）	
	電話：2865 0708	傳真：2861 1541
印　　刷	亨泰印刷有限公司	
	柴灣利眾街德景工業大廈10字樓	
	電話：2896 3687	傳真：2558 1902
發　　行	聯合新零售（香港）有限公司	
	香港新界荃灣德士古道220-248號荃灣工業中心16樓	
	電話：2150 2100	傳真：2407 3062
出版日期	2020年10月初版／ 2023年10月第二版 · 香港	

新版序

　　隨着人生閱歷漸長，又經過了近二十年的上山下鄉尋覓，以及內容的新發現，重出《香港名穴掌故鈎沉》的念頭一直在心裏盤纏。

　　這書是我第一本獨力完成的著作，寫於 1999 年，在 2001 年由次文化堂出版。由於舊書早已售清，今由天地圖書有限公司接力再版，為此我不單重新修訂了內容，改正錯處，還增添了好些相片和風水圖，期以一種與時並進的負責任姿態，再饗一眾新舊讀者。

　　在這個增修訂版中，我刪了數篇較次要的文章，但亦補回三篇，寫的是近年找到的新材料。其中〈新界望族，弟落邪術，父墳暗埋「七星」鬥兄爭訟〉和〈張子強的秘密，失祭古墓蔭庇賊王？〉兩篇是首度公開。雖然跟風水術無大關係，但因內容震撼，亦涉及墓地，且都是由相關人士提供第一手情報，我亦做過實地查察，證實含金量非常之高，故特意加入書中，以廣流傳，亦好做人心！

　　本書共有三十三篇名穴掌故，但並非全跟尋龍點穴有關，部份是只談史事軼聞，不涉風水秘辛的。原因是很多名穴的風水，雖然都給人說得天花亂墜，但當我下筆之際，卻發覺大都欠缺內

容細節，如此寫出來的文章，定必毫無韻味可言。所以為了符合本書以故事先行的大原則，我便轉而挑選一些有豐富歷史材料的墓穴去寫，最終遂有如〈逢吉鄉抗英義塚〉、〈祖穴不可動——記新界鄧氏家族的五大護墓史〉和〈何處覓芳魂——「招魂墓」、「貞女墓」與「烈女墓」〉等篇章的出現。

　　我對《香港名穴掌故鈎沉》這書名是有一點情意結的，特別是用上「鈎沉」二字，這個詞在近代已鮮為人用，其靈感是來自讀書時看過的《古小說鈎沉》，那是魯迅先生在上世紀初的作品。他在古籍書海中尋覓散佚小說的事啟發了我，故當我要為新書定名，想到自己終日留連城鄉里巷，追尋隱沒民間的掌故軼事，不也是在鈎沉舊事嗎？於是書名就此決定，這段往事也可說是掌故中的掌故吧！

周樹佳

2019 年歲次己亥仲春吉日

原序

本書不是一部教人尋龍點穴的風水書，而是一部說香港名穴掌故、記錄好些鮮為人知風水秘聞的野史集子。

中國人發明風水術，不單偉大，兼且迷人。風水理論就恍似是解開密碼的本子——山河田宅是密碼，風水師就如探險家，他們或尋穴（陰宅風水）或建屋（陽宅風水），做的就是破譯藏寶地圖，去做 Indiana Jones；而當中又以尋找所謂風水龍穴的經過，最易出傳奇情節，引人入勝！

挑選墓地是風水術的重要部份，古人深信一處名穴，不單能夠令後人發富發貴，子孫繁衍，甚至生出神童，讓人添壽。有人說風水地實是繼石油、黃金、鑽石礦後的第四大寶藏，實不無道理，也是這個緣故，不少人窮畢生精力去研究箇中奧妙，無論延師或自求，只一心去尋覓理想中的「迷城寶藏」。

有人視風水為迷信，這也難怪，因為它太玄，加上千百年來的文人貪筆、術士作梗，甚至是風水師自己的故弄玄虛，都把堪輿之術殘弄得如千門伎倆，甚麼無端端有隻大斑鳩飛落山失蹤，就成【斑鳩落平陽】穴；在龍穴位置開壙，竟然會地震兼出煙，真是生安白造的小說家言。

但縱是如此，許多史料文獻中有關名穴的記載，卻是信而有

徵的，當中固有「奇」之處，但絕不是「怪」，例如南宋賴布衣在福建為一林姓男子挑選墓穴，主發人丁，及後果然出現「三日不出林」的情況；又如錦田鄧姓開基祖為曾祖父在丫髻山選下一穴【玉女拜堂】，主出駙馬，結果他的孫子真的意外地娶了個南宋皇帝的女兒，而這些事都被記進縣志或族譜之中。

從考古發掘可知，香港有六千年的文明歷史，但風水文化的大舉傳入，要晚至 11 世紀中至 14 世紀初才隨一些氏族南來。他們的遷入雖與躲避戰禍有關，但據族譜記載，其中最早的一支——江西吉水鄧氏的祖先就正是為了四個風水名穴而開基錦田，而那些風生水起的太公地，日後更成為氏族力量的象徵，是家族光榮之所在。

本書所提及的傳聞軼事，上起宋朝，下及當代；南起香港島，北達深圳河。當中不少穴址穴情原是宗族不傳之秘，為的是防對頭暗中破壞風水，禍及己身後人，但如今時移世易，許多當年的禁忌已逐步解封，亦得以公開，故才有本書的出現。

當大家閱讀這些掌故的時候，希望都能不單單在意於「如何找」、「怎樣發」，更能在「今如何」方面思考一下。

本書資料來源，或聽自村老，或錄於文獻，或問道輿師，或記述報章，合坊間眾說去其荒誕而集於一身，其目的不在發明，旨在保留，冀為香港多留一點民間知識，以添補正史未達之處！

周樹佳

2001 年

目錄

香港名穴掌故鈎沉

中國地土僻在東南一隅故百川歸焉嘗言中國也龍以水為界長江黃河鴨綠三大界水也龍勢由陝雲

四川而向東故水皆東流天下之水尚有向北流向西流者人足不能到目不及睹只云水皆東流滕軱

甚矣即以中國言之兩京十三省僻之一小小穴塲河南其中乳也山東北直左砂也吳越閩廣右砂也

東海明堂也呂宋琉球瓊州日本印星也長江黃河穴傍蝦鬚水也登萊挿入海中左砂曜氣也過脉束

氣尚在陝雲之外惟智者通達觀之矣

11

香港奇穴之最
——曾大屋〔橫財無名穴〕

　　要說香港開埠前的頂級富豪，莫不以沙田曾貫萬為首。曾貫萬非別人，他就是沙田山廈圍曾大屋的興建者。這條客家圍始建於 1848 年，前後共花了十六年的時間，到 1864 年才竣工，那三堂四橫上下兩層近百所房子的圍龍式建築，有若一座城堡，而曾貫萬卻憑一人之力促成，說其為當年首富，實不為過！

　　很多人說曾貫萬能富甲一方，全因為他聰明勤力，甚至近年有人說他是發明了一條開山炸藥的方程式，方能出人頭地，賺得榮華富貴，事實果真如此的嗎？

　　一直以來，民間都流傳着曾貫萬一夜暴富的風水傳說，真相如何，今日已難說清楚，但曾氏子孫所奉行的一條祖訓，卻間接證實了那條傳聞絕非空穴來風，原來那富貴天降，竟與一穴風水墓地相關！

　　凡我曾氏子孫，每年春祭，必先到西灣河山上拜祭無名先人，然後才拜祭自家先祖。

曾貫萬

　　曾貫萬有此遺訓，主要是訓勵子孫不要忘本，因為他深信自己的成就，是靠扦葬一位無名先人的骨殖到今港島柏架山 [1] 的風水地而來，也因如此，一則本地最傳奇的名穴掌故便誕生了！

　　曾貫萬（1808-1887 年）又名三利，字奕賢，號鳴翔，花名叫矮哥三，廣東五華園墩鄉客家人。他本出生於一個大家庭，但因為是細房，人口又少，常給大房欺負，16 歲便只得隨兄長曾輝賢來港謀生，初時只是個石塘小工，誰知時來運轉，只十數年間，便能在筲箕灣開辦石行，躋身而為香港建築業的頭領人物，那建於 1863 年的香港第一座水塘——薄扶林水塘，便是其代表作。

　　正是英雄莫問出處，曾貫萬初來香港時，他跟大多數南來的同鄉一樣，只能靠出賣勞力維生。據說，由於他初時不懂打石，故只是在茶果嶺一處石塘做伙頭，但因性格乖巧，不久就轉做了打石學徒，數年間更升為頭目，但也是那一句「千般智慧都不及時勢」，那時由於香港突然發生瘟疫，工人紛紛回鄉躲避，連累不少石塘倒閉，曾貫萬亦身受其害，慘變成失業大軍的一員。

　　曾貫萬遭逢逆境，惟有想法求生，他留意到與茶果嶺一海之隔的西灣河泊了不少漁船，便想到每日汲取山溪淡水賣給漁民，同時兼售雜貨，以期捱過時艱。於是他便搬到對面海居住，誰知就此一變，命運的奇逢就在 1837 年一個初夏晚上降臨。

　　傳聞在某天夜裏，曾貫萬到海濱乘涼，他突然看見高聳的柏

1　柏架山之名是英國來到香港之後才改的，古名不詳。

架山上有一點火光，乍明乍現，詭秘古怪，但問之旁人，卻是無人察覺。如是者連續數個晚上，他都看見那點神秘火光在山裏掩映，良久不滅。那時曾貫萬年方廿九，好奇心加上年青力壯使他不懼安危，毅然冒險上山，查明底蘊！

一日，曾貫萬趁天氣不錯，待天色一暗，便獨自提着燈籠上山。他心裏想：「只要把燈籠放到疑似發光處，下山後再看看兩點火光可有重疊，便能得出位置所在。」如是者也不知他上山下山了多少次，竟真的給他找出光點所在，誰知卻是大為失望！

原來曾貫萬一直以為那深山定是藏了甚麼奇珍異寶，夜裏方會散發奇光，誰知他千辛萬苦找着的，竟是處人跡不至，滿山盡是大石頭的山坡。那裏荒涼一片，莫說珍寶，就連半株奇花異卉也不得見，如硬要說有何特異之處，就只有那些如屋子般大小的光滑巨石，以及稍高處的一塊呂字石——石身上小下大，有若一石人孤零零地在山脊上站立。

如此勞而無獲，叫人氣惱，如若是換作常人，早便憤然離去，但曾貫萬卻沒有這般衝動。斯時他居高臨下，細察四周環境，但見面前廣寬的海灣，海水緩緩由左而右流過，看得人心曠神怡，突悟道：「難道這裏竟是一處風水龍穴，午夜燐火正是留給有緣人的啟示？」

一念及此，曾貫萬便想到回鄉遷葬先人到來，好彰顯孝道，然而當他想到自己連返鄉避難的盤川也沒有時，便知此法不通，

只是他並未死心，念頭一轉，竟又給他想了個出人意外的主意。

話說在茶果嶺石塘開山時，他曾撿獲兩片給棄在山邊的臂骨[2]，曾貫萬天性純良，他為此動了惻隱之心，便找了個陶甕盛載骨殖，放在居處附近，閒來便當作祖先供奉。如今他既認定眼前的是一塊風水地，反正得物無所用，便想到埋葬那副無名骨殖到此，一來可讓無名先人有個歸宿，二來也不用暴殄天物。

傳說當曾貫萬葬下了那兩片無名骨殖後，他翌年夏天便接了一幫奇怪的買賣，而這單生意在不少野史筆記中，都有以下的大致描述：

（1）一批來歷不明的漁民向曾氏兜賣十六甕鹹魚。

（2）礙於天氣熱，西灣河人口不多，曾貫萬僅以每甕八百錢的價錢，買了四甕，但漁民卻沒有拿走餘下的鹹魚，反而全數寄存到舖裏，聲稱稍後再取，誰知卻是一去不回。

（3）曾貫萬發現在甕中鹹魚之下，全是白銀和碎金，餘下的十二甕亦復如是。

（4）事後推測，那些漁民都是海盜扮的，卻不知搶回來的鹹魚甕底藏滿金銀。結果⋯⋯

（5）曾貫萬一夜暴富！

那年是 1838 年，四年後英國人登陸香港島，曾貫萬便運用

2　據《沙田曾大屋三利祖族譜》所載而言，其副本今存香港大學圖書館。

那筆飛來的橫財做回老本行，設立三利石廠[3]，並取得筲箕灣石塘的開採權，借助那千載難逢的開埠良機，承辦了大量政府工程，終成一代巨富。

由於曾貫萬的發跡和安葬無名先人的時間十分接近，所以他一直視無名先人為恩公，也是為此，後來才有祖訓的出現。但傳聞歸傳聞，究竟那座近兩個世紀的古墓是否存在呢？讓我告訴大家，那是真的！

不錯！在 21 世紀的今日，那曾氏的橫財穴依然存在，但由於位置隱蔽，除非由其子孫帶路，否則難以找到，這亦間接證明了當年曾貫萬奇遇的不虛！

那個橫財穴位處海拔數百公尺高的一處矮樹叢中，其位置雖在山徑附近，如若非熟人指引，很容易便錯過。

該墓呈半月形，作月白色，闊約 30 呎，乃是典型的客家墳式樣。整座墓是用水泥鋪成，四周不見任何裝飾物，顯得有點素[4]，墓碑也只是一塊粗糙的小麻石，而這樣一座普通的墳墓，能見證曾貫萬風水奇逢的原因有二：

首先，墳墓的位置前後左右都是陡斜的山坡，上落要手腳並用，加上人跡不至，昔日由山腳到墓地最少要花上數小時。平心而論，若非有特殊原因，常人斷不會無端爬上來，更遑論將先人

3　筲箕灣天后宮同治十一年碑記有：「曾三利題三拾大員……三利廠……以上各助銀壹員」。

4　筆者首次考察該墓是 1995 年。該墓在 2010 年左右曾重修。

▲曾氏〔横財無名穴〕（攝於 1995 年）

▶ 無名穴碑文上寫「曾
氏福德公之墓」，下款
是曾奕賢（曾貫萬）。

安葬於此。但事實上，它的確存在。

其次，墓碑上刻有「曾氏福德公之墓」七字，而上下款分別是「道光十七年丁酉歲孟春月重修」和「祀主曾奕賢立」。曾奕賢是曾貫萬的別字，他與其兄長輝賢同是「賢」字輩，這說明墳墓的確是曾貫萬所建的。至於「福德」二字則有兩種解釋，一是墓內先人並非嫡親，亦不知其名，遂稱作「福德」。二是墓內先人有恩德於建墓者，故建墓者以子孫自居，把他視作祖先看待。

以上兩點正好說明，那傳說中的無名骨殖確是真有其物。至於「道光十七年（1837 年）」的重修云云，據曾氏後人透露，那實是曾貫萬埋下無名骨殖之年，所謂「重修」志在掩人耳目，免招麻煩。

據勘察過該穴地的風水師言，雖然曾貫萬不懂風水，但墓穴的位置卻暗合「木鉗穴」的風水法度，所以該處確是個龍穴。「木鉗」即樹枝椏杈，因為柏架山是一座「木形山」，它所落下的山脊便等如樹木枝幹，而橫財穴就如生長在椏杈裏的果實，是其精華所在，又由於墓中的骨殖是曾貫萬親手埋葬，故名穴蔭生的福份便全數落在他的身上。

風水師又指出，由於墓穴對着廣闊的維多利亞海灣[5]，《青囊序》中言「山管人丁水管財」，是以其後人財運亨通；而在四周

5　昔日九龍灣一帶尚未填海，海灣廣闊，其海岸線即今的太子道東。

▲〔橫財無名穴〕背靠雄渾有勢的柏架山

山頭的巨石，風水學說稱之為「倉庫」，亦主發富；至於那「石人」更是大有來頭，乃是站崗看守龍穴的侍衛，暗示發貴，如此加上墓的方向配合了元運，曾貫萬便誤打誤撞，在葬下無名骨殖後不及一年而速發，但因穴前的海水是打斜流經，故他獲得的不是正財而是橫財，故該穴大可稱之為〔橫財無名穴〕。

毫無疑問，這個〔橫財無名穴〕令到曾貫萬的發達史變成一齣引人入勝的風水傳奇，但若非有如曾氏的好心地，這一段好人有好報的美事亦斷難發生，古人言：「山地好，不如心地好！」相信就是這個意思了！

▲沙田山廈圍又稱曾大屋，共花了十六年才建成。

▲位於沙田水泉澳的曾貫萬墓

▲曾貫萬墓碑

► 曾氏每年清明節到
筲箕灣拜山的通告

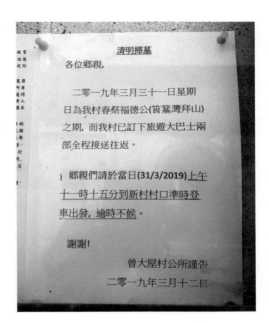

清明掃墓

各位鄉親，

二零一九年三月三十一日星期日為我村春祭福德公(筲箕灣拜山)之期，而我村已訂下旅遊大巴士兩部全程接送往返。

鄉親們請於當日(31/3/2019)上午十一時十五分到新村村口準時登車出發，逾時不候。

謝謝!

曾大屋村公所謹告
二零一九年三月十二日

▼ 守護曾氏無名穴的石人

▲沙田山廈圍內的曾貫萬夫婦肖像畫

▶ 山廈圍祖廳所供奉的曾貫萬神位

後記

　　曾貫萬發跡後雖轉居沙田，但筲箕灣至今仍留有好些與他相關的物事，像耀東邨對上山頭的一座佛堂「極樂洞」，傳聞就是他為了紀念女兒而建造。

　　在日本侵華期間，曾貫萬的子孫常救濟難民，更會收留無家可歸者，由於難民都不識得當地名稱，因見客家圍村規模宏大，便都叫山廈圍做「曾大屋」，自此「曾大屋」之名響徹香港，無人不曉！

　　曾貫萬去世後，曾葬大埔尾稔凹吉穴，但因明堂山泥下陷，2001 年末移葬沙田水泉澳其妻在牛角窩的墓地附近。

　　有關曾貫萬覓地建曾大屋的掌故，可參考拙作《香港民間風土記憶（一）》，同樣為天地圖書出版。

辛亥革命成功，飛鵝山百花林
即葬即發「孫母墓」

在普通人眼裏，墳墓都是一個樣，沒有甚麼大分別，但其實在風水理論中，不同山川形勢的墓穴，是分有不同功能的，最基本的就是發富、發貴和發人丁。

甚麼叫發貴呢？出皇侯將相、皇妃駙馬、總統主席是也！例如傳聞發太平天國皇帝洪秀全的廣東花縣「芙蓉帳」的【金線吊芙蓉】、發國民政府主席林森的福建閩侯【七星伴月】等。

香港地處中國南隅，面積雖小，但據堪輿家言，這裏卻是南龍結穴的地方，所以名穴棋佈；而在芸芸諸穴當中，傳聞有一處更是直接影響清朝氣運，蔭生帝皇的貴冑龍穴，這個就是常被推為香港十大名穴之首的百花林「孫母墓」了。

百花林是飛鵝山東麓面向蠔涌谷的一處高地山坡，本是荒野之地，但由於葬了一位偉人的母親，竟成了中國近代史上的歷史名勝，甚至惹來盜墓賊的光顧，她就是國父孫中山的母親楊氏（1827-1910 年）；而她下葬香港，原來是帶有一段隱情。

話說在 1907 年，楊氏因兒子宣揚革命，被清政府追捕，由

於風聲太緊，她被迫同媳婦盧氏[1]、兩名孫女[2]和大兒子孫眉[3]，流落英國統治的香港避難。據國父的好友羅延年給歷史學者羅香林教授的書信記述，當時孫氏一家住在九龍城東頭村二十四號，名伶朱次伯父親的屋裏[4]。那屋是一樓一底，孫母住在樓上，當時孫母雖雙目失明，已然十分衰老，但仍很好客，每遇羅延年到訪，即叫人沖咖啡給他飲，至於孫眉則在牛池灣買了一個農場養雞種菜，若閒來無事就到宋皇台海邊釣魚奉母。

但也是因年紀太大，孫母在 1910 年 7 月 19 日（農曆六月十三）病逝家中，享年 83 歲。當時國父在廣州起義失敗後，正圖謀再起，加上被香港政府視為不受歡迎人物，以致未能奔喪，其母的後事均由其兄及在九龍城警察局做師爺的羅延年等仗義幫忙。

依羅延年信中所言，在殯葬當日，孫母的遺體並沒有用棺木盛載[5]，而只用白綢包裹，並由羅延年、鍾景南[6]和一些革命同志向西貢百花林村的鄉人，以二十両銀買下墳地，另由羅延年以五毫子向潔淨局取葬地紙悄悄下葬。

但也許事有湊巧，孫母死後只一年剛過，反清起義已失敗了

1　孫中山元配盧慕貞。
2　孫中山的女兒——孫娫和孫婉。
3　孫中山的哥哥，又名壽屏。
4　今九龍城美東邨附近。
5　信中沒有言明原因，有說因孫母倉猝逝世，家境貧窮，欠錢購買棺木；亦有言礙於她身份特殊，恐葬禮若過於高調會引來清廷在港耳目的懷疑，故未待購得棺木即匆匆下葬，但亦有一說指是羅延年等人故意如此，箇中原因牽涉風水問題，按下再表。
6　長春藥店老闆，孫眉友。

香港名穴掌故鈎沉

▲ 孫母楊太君肖像

▲ 國父孫中山先生

十次的孫中山，竟因 1911 年的 10 月 10 日武昌起義成功，而被推舉為中華民國的臨時大總統，而來到這一刻，一件被隱藏了年多的風水秘密，最終才被人注意上。

原來孫母長眠的百花林，是一塊能蔭發出國君的「花心」穴地，喝名可叫做【鵝尻穴】或【鐵樹掛銀燈】，因穴地是對着白沙灣與西貢海的群山列嶼，其層層疊疊，就像一條玉帶纏腰圍抱，主葬者後代封皇稱帝。不過，「孫母墓」風水最大的奧秘卻不在此巒頭佈局上，而在於時間二字，因為它正是一個能在短時間內發揮最大功能，迅速輔助兒子孫中山完成大業的〔即葬即發穴〕。

25

話說當日找這塊墓地的人叫做楊九，乃是孫母楊氏的親戚。本來安葬先人，後人必定是希望找一塊風水無可挑剔的墓地，以讓先人入土為安，但有言楊九揀的地方卻非百花林的至佳風水所在，而是在理想位置稍高一點的地方，這點可極為重要，因為就是差這麼一點點，整個穴的首要功能已不復在蔭生帝主之上，而是加速其後人的官運，而事後果然，孫母葬後只年多，孫中山先生即登上臨時大總統的職位；若此言屬實，那當年的點穴者也真可謂用心良苦了。

提到用心良苦，「孫母墓」之所以能夠即葬即發，傳聞內裏還有一項更重要的因素，那就是「肉身成葬」。所謂「肉身成葬」，即遺體是在沒有棺柩盛載下埋葬，也由於此，在風水理論中「肉身成葬」便被認為是一種可以讓先人加快吸收天地靈氣而旺及子孫的手段。

在前文，筆者曾提及羅延年等人是用白綢包裹孫母的遺體下葬，這不正正合乎了肉身成葬的速發條件嗎？所以就有人推測，孫母的「白綢蔽體」和「肉身成葬」，其實並非誤打誤撞的巧合，而是有人刻意為之。因為從扞葬不從正穴，而採其速發作用的高明手段可知，楊九、羅延年等人之中，確有通曉風水術的能人，故此他們是沒有理由不知道這點催化穴能的道理，何況在送葬人士中有不少是革命黨人，他們全都是熱血男兒，眼見起義九次，全都功敗垂成，這會否令他們等得不耐煩而藉機以風水之力暗助

► 孫母下葬飛鵝山百花林，
　其墓地路口有石碑指路。

▼ 孫母墓

孫中山一把呢？其動機可能永遠是一個謎！

百花林「孫母墓」寬敞宏大，加上位置居高臨下，非常有氣勢，但出奇的墓碑甚小，上只簡單刻有「香邑孫門楊氏太君墓」九字，乃是國父手書。據《國父在香港之歷史遺蹟》和《孫中山在港澳與海外活動史蹟》二書所輯錄有關「孫母墓」的圖片可知，該墓至今，其外觀實已經歷三變：初建時墳墓沒有甚麼裝飾，只以灰泥建成，墳前是泥地，碑頭上有一碩大的硃色圓形。1960年代，墳頭已用三合土加固，並有捲雲狀裝飾於碑上。1970年代，香港文化協會在 1975 年獲台北當局撥款 30 萬重修，全墓鋪以麻石，碑頂建有飛簷，墓碑上剩一小硃圓，四周圍刻上「回」形紋，另有石供桌、石香爐、石獅等物。

相傳，由於「孫母墓」右方的白虎位山嶺有一下凹位，構成破損，有凹風吹，又遇上穴位被點高了，以至後人早發而先凋，結果令孫中山壽不過 60（按：國父 59 歲卒），而名位亦終身不能坐正，由始至終均是臨時大總統，故為恐禍及子孫，其後人便在右邊加蓋一座亭及加種一排樹擋煞，故才有現時模樣。

在 1997 年前，此墓墳頭常見插有一枝「青天白日滿地紅」旗，但香港回歸內地，此事今已絕跡。2000 年 5 月 8 日，香港《蘋果日報》頭條報道「孫母墓」墳背下陷，疑遭盜墓，此事引起全港輿論嘩然，後經警方調查，證實與盜墓無關，只是因年初連場豪雨，引發墓內山泥下陷，遂成缺口。本來事件到此，已告一段落，

▲孫母墓堂景，遠眺朝山可見西貢第一高峯蚺蛇尖。

◄孫母墓的右邊因有坳風吹，故風水先生建亭擋煞。

►孫母墓在 2007 年給盜墓，圖中圓圈即用來盜墓的坑洞。

誰知那深約 233 厘米的泥洞，卻勾出香港歷史上的另一大謎團。

事緣據羅香林教授的記載，當年孫母是沒用棺木下葬的，但在今次塌泥事件中，調查人員卻發現墓內竟有一副朽爛的棺材，而墳背下陷，相信就是因棺材蓋和底板腐爛，形成中空，才引發山泥崩塌。這事明顯和歷史記載不符！究竟墓中的棺材是誰的呢？而從肉眼觀察，棺木的深度只約及墓深的三分之二，這是否意味棺下還有其他物事？這方面，據著名地師張樂天在 1982 年寫的一篇〈孫母楊太夫人墓〉言，他曾聽過當地土人說，原來在和平後，治安不靖，孫母墓四周曾屢有侵葬之事，說不定「孫母墓」因名氣太大，在這段時間就成為偷葬者的目標！

後記

不少風水師認為百花林「孫母墓」決非蔭生國父權位的龍穴，皆因孫母下葬之年，孫中山經已出世多時，所以這穴只是一個催官穴。

原來，孫中山的遠祖並非廣東人，而是河南籍，其後在唐僖宗年間，他的祖先孫「言利」卻因討伐黃巢而遷居江西，故若說要找蔭生孫中山的真命龍穴，其也許是藏在河南或江西未定，不過有歷史學者考證，說孫中山先生的廣東祖籍是在河源紫金縣中壩鎮發昌村，所以他是客家人，而當地在離村兩公里處，仍存有一座孫氏廣東開基祖孫友松的墓地【螳螂捕蟬】（又名【蝦公

香港名穴掌故鈎沉

▲近看 2007 年盜墓者打掘的坑洞

▲羅延年

▲在 2000 年，孫母墓的墓背因山泥下塌，引來盜墓虛驚。

▲ 1911 年辛亥革命成功後，聚集在香港的黨人和國父的家屬到孫母墓拜祭。

▲上世紀 70 年代，歷史學家羅香林到孫母墓考察。

穴】），卻未知這穴地又會否是出真命天子的依歸了。

另外，孫中山先生祖父孫敬賢葬在翠亨村北犁頭山南峰的【真武大座】，土名「皇帝田」，亦傳聞是蔭出國父的主力龍穴，因當地留傳有一首白鶴仙地讖是這樣的：「土名黃草崗，萬頃作明堂，金星塞水口，石燕在中央，鯉魚朝北岸，旗鼓在南方，誰人尋得着，代代出君王。」「黃草崗」即「皇帝田」，土名擔竿壟，孫中山的姐姐孫妙茜曾說，當年有風水師傅已揚言此穴地葬後十年，必生偉人，而她的祖父是葬於 1854 年，孫中山則是 1866 年出生，果然相隔只有十年多便應驗了。但也有風水師傅力言，像孫中山如此不朽的人物，他的發跡是不可能單憑一墳一穴之力，應該是靠歷代祖穴力量累積所致。

回說孫母楊氏的生忌是 1828 年農曆六月十三，與逝世之日相同，有傳當天，她正穿好壽袍等待兒媳恭賀，卻是忽然無疾而終，世事竟有如此巧合！

荃灣地讖詩揭【半月照潭】位置之謎

　　四百多年前的法國，預言家諾查丹瑪斯寫了一部震驚全球的預言書《諸世記》，其實類似的預言文章中國亦有，我們叫作「讖諱」，而在風水文化中，風水師亦流行一種相類的創作，叫做「地讖」或「地鈐」，都是用來預言一處名穴的好處，以收引證和逞能之效。

　　「地讖」就好像一處名穴的身份證明，內裏寫的都是有關其位置、四周景貌和功效等的詩句，通常風水師找到了一穴好地而又未找到合適者安葬的話，他們都喜歡寫一首「地讖」埋在穴位，一來好方便自己他日尋回，二來要是給別人找到，也好告訴對方此地早經發現，立此存照，也好留個名號於世。

　　這類「地讖」通常都是一些似詩非詩、似詞非詞的作品，好像「孫母墓」一章中，下葬孫中山先生祖父的「皇帝田」，就有地師白鶴仙作的一首「地讖」存世。類似的讖語在江西樂平大汾潭李國公葬祖母的【將軍大座】也出現過，傳聞是宋代風水大師廖瑀的作品：「二龍爭顧勢如何，恰似江豚拜浪波。四水俱朝龍足下，官居上將管山河。」

　　在香港名穴史上，亦曾經出現過這類「地讖」，而那名穴就是鄧符協下葬父親鄧旭的【半月照潭】。

香港名穴掌故鉤沉

長沙左手接青羅[1]，右攬青衣濯碧波。

深夜一潭星斗現，裏頭容得萬船過。

有人下得朝陽穴，十三年內即登科。

若是世人尋不得，回頭轉問釣魚哥。

　　話說約九百年前，江西吉水人鄧符協為了四個名穴留下在錦田定居，他把曾祖父和祖父都葬到元朗，而就把父親葬在荃灣的【半月照潭】，據知當時他命隨從掘地開壙後，就在地下數尺處找到上述署名白玉禪師作的「地讖」，令這次發現平添幾分傳奇色彩。

　　所謂【半月照潭】，是指這個穴場所處的小丘，其倒影投到前面荃灣海裏，就恍如半爿明月現於潭水之中[2]。在一些風水古籍中，相類的穴地也有寫作【半月沉江】或【孤月沉光】。可惜時至今日，荃灣已經地貌大變，再難察看出當年的風水形勢；但幸好白玉禪師的「地讖」仍留存世上，若細心閱讀讖語，數百年前【半月照潭】的原貌是怎樣，也能猜知一二。

　　荃灣舊名淺灣，建於 1786 年的三棟屋宗祠內就有一幅楹聯寫有：「溯源媯汭遠，聚族淺灣寬」兩句。那裏從前本是一片泥

1　此詩首四句也有文本作：「長伸左手接星羅，右攬青衣濯碧波。夜靜一潭星宿現，裏頭容得萬船過。」今以墓旁碑文作準。
2　港島虎豹別墅的原風水格局亦有相似的名稱，叫「白虎照塘」，指白虎塔倒影到銅鑼灣海中；現在的中央圖書館位置以前已是海灣。

潭沼澤之地，人跡罕到[3]。在戰前，那裏還流行兩句說話：「未發過冷不算是荃灣人」和「想發達去金山，想瓜老襯去荃灣。」可想而知，荃灣直到上世紀中仍然十分荒蕪。但話雖如此，不少風水師都認為荃灣一帶被大霧山、芙蓉山、下花山和金山團團圍抱，前面又有青衣島橫列，可算是個風水極佳之處，而在柴灣角曹公潭對下的一座海濱山崗，就正是大名鼎鼎的【半月照潭】所在[4]。

當年白玉禪師尋找名穴到此，他由大霧山過蓮花山追蹤龍脈到近海處，但見眼前是大海一片（深夜一潭星斗現，裏頭容得萬船過），左邊遠方是一處叫長沙灣的海灘（長沙左手接青羅），右邊則是一座青衣島（右攬青衣濯碧波），更遠處還可看到香港扯旗山，山環水抱十分美麗，便確定是一塊發富發貴的結穴福地（有人下得朝陽穴，十三年內即登科），遂作下讖語一首為記，不過這位禪師顯然恐怕後人找不對龍穴而白白辛苦，所以他在讖語最後兩句便留下暗示：「若是世人尋不得，回頭轉問釣魚哥。」

究竟「釣魚哥」指的是甚麼呢？我翻查過坊間的不同書籍，得出兩種說法，一是指在岸邊垂釣的漁翁，由於他是本地人，熟知形勢，能指點迷津。二是指一種叫釣魚郎的飛鳥，由於牠們都愛棲息在岸邊叢林，相傳若龍穴結在沿岸一帶，牠們必然受到感

---

3 1950 年代還有老虎出現。
4 今青山道九咪，荃景圍對下，荃灣警署旁邊小山。

香港名穴掌故鈎沉

36

▲【半月照潭】1991 年的古樸外貌

▲【半月照潭】2011 年五大房重修後外貌

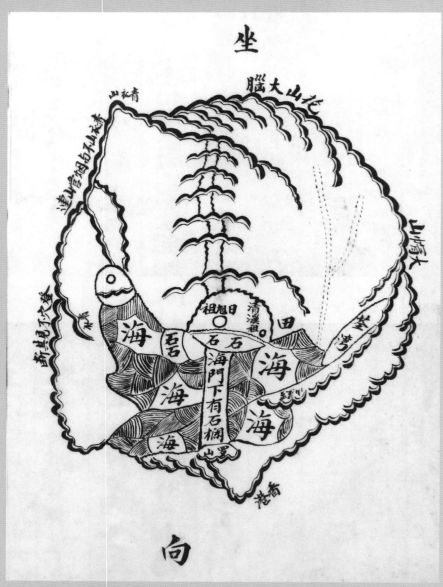

坐

向

▲【半月照潭】穴圖有多個版本，此為其一。

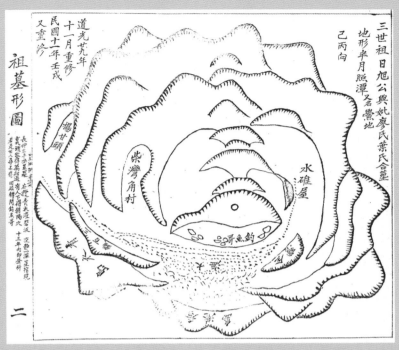

▲【半月照潭】穴圖之二，此圖清楚標出「釣魚哥」即海濱礁石。

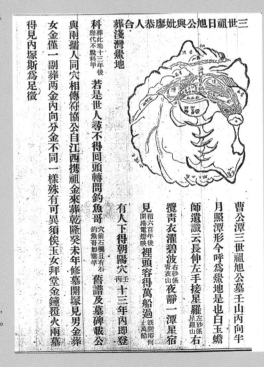

三世祖日旭公與姚廖氏恭人合葬淺灣鱟地

科葬此地十三年後 歷代不脫科甲

若是世人尋不得回頭轉問釣魚哥

與兩孤人同穴相傳協公自江西携祖金來葬乾隆癸未年修墓開塚見男金葬

女金僅一副葬兩金內向分金不同一樣殊有可異須俟玉女拜堂金鐘覆火兩墓

得見內塚斯為足徵

曹公潭三世祖旭公墓壬山丙向半

月照潭形今呼為鱟地是也白玉蟾

師遺識云長伸左手接星羅（左砂係青衣山右砂係羅山）石

攬青衣灌碧波（青衣山）裡頭容得萬船過（既開港開埠何止萬船）一潭星宿夜靜

見指六百年後開港電燈映

有人下得朝陽穴 壬 十三年內即登
丙

釣魚哥如魚竿 穴前石欄且有石 舊譜及墓碑載公

▶【半月照潭】穴圖之三，輯自《鄧文輝祖族譜》。

應而聚居四周，所以尋得牠們就知名穴位置。

這兩種說法當然以釣魚翁一條較合情理了，但其實，兩種說法都錯！因從一部《鄧氏族譜》配載的【半月照潭】風水圖可知，「釣魚哥」實是穴前海旁的一堆巨礁石俗稱，所以白玉禪師留下的暗示應解釋為：若是找不着正穴，就可以到岸邊的「釣魚哥」石上，回頭望山便是了（按：或許白玉禪師當年也是遍尋不着正穴位置，而偶然在這「釣魚哥」石上有所發現，才把自身經驗寫入讖中）。

自從政府發展荃灣成衛星城市以後，如今到【半月照潭】山下，當然再找不到那堆礁石的蹤影，海邊已被填成青山道和工業區，名穴的「潭」景蕩然無存，如非有昔日的地讖傳世，我們真難以想像那裏曾擁有無敵海景。

鄧氏家族現已把【半月照潭】建成一座私人花園，名叫「日旭花園」[5]，花園內有守墓者長居，負責管理墳地，墓在小山中央，規模頗大，兩側建有石碑，左邊記有白玉禪師一事，右邊則是鄧氏於清末民初兩次保護【半月照潭】的碑記。（按：詳情請閱〈祖穴不可動——記新界鄧氏家族五大護墓史〉一章。）又山丘最盡處另有一小墳，不知道是甚麼人的！

5　鄧旭又名日旭。

▲因名穴在側而出現的照潭徑，背景小山
就是【半月照潭】山的側面，外形肖
若一隻海鱉，故又稱【鱉地】。攝於
1991年。

▲【半月照潭】鳥瞰圖，約攝於 1994 年。

▶ 記有白玉禪師地讖的碑文

後記

坊間又稱此穴為【鸞地】或【七星伴月】，大抵呼形喝象之事，但憑心之所感，只要言之成理，各有各話，亦是常見之事。

鄧符協為其子孫後代可謂費盡苦心，因為他為三代先人所找的大穴都是各擅勝場，互補不足。【玉女拜堂】主發貴，【金鐘覆火】主發丁，【半月照潭】主發富。而三者之中，相信以後者最為他所喜愛，因為古時由錦田出荃灣路程十分崎嶇遙遠，必須攀過大霧山，此穴地如非最合他心水，他也不會老遠把父親安葬到此。

另外，有人指白玉禪師實即是道人白玉蟾（1194-1229 年），但這不可能，因他是南宋人，鄧符協是北宋人，沒可能見到他的讖語。

其實，對白玉禪師所留下的讖語，我是有點想法的，因在屏山的一本《鄧氏族譜》之中，另有地讖一首，又說是白玉禪師所作，該讖云：「巍峨突兀起兩峰，仙人舞袖臉朝東，蝴蝶鳳凰塞水口，左邊花母右花公，黃旗插在南樓上，北樓更鼓響叮咚，寶山前面排兵馬，遠望如在近朦朧，有人葬得臍中穴，先招駙馬後三公。」

世上竟有這麼多白玉禪師的地讖遺下！

▲昔日【半月照潭】入口石柱——「園林生喬木，
園畫在雲臺」由書法家鄧爾雅題書。石柱今因
政府擴建公路，削平山底作護坡而遷上較高處。

▼每年農曆九月十九鄧族五
大房拜山盛況

附記

【半月照潭】右碑刻記的護墓史

惟我三世祖日旭公，與元配祖妣廖安人、葉安人，合厝之地，歷宋、元、明、清八百餘載，＿＿＿錦田、分支至東莞、中山等縣，子孫繁衍十萬人，代出衣冠，人人＿＿＿，山川靈秀所鍾。清宣統間，有異姓人謀在前面海灘立村場，裔子孫等以其有厥祖墳，出而反對；蒙理民府羅鼎力斡旋，始得批銷原案。迨民國初，又有人在山後取泥，裔孫等援案抗爭，復蒙理民府榮、與公務司設法制止，而副布政司卓尤為關心，主張祖墳圍出之地，許以廉價向政府承買，批明餘地不准別人營葬，馬路外海灘永不給人建築屋宇，即沿海成立商埠時，前面仍作公眾市場，庶無高樓煙突之礙。港政府委曲周詳，成全我祖，可謂優厚之至矣。今當重修伊始，四圍範以竹籬，偏栽松樹，閱數寒暑，則蒼翠成蔭，更增美感。董其事者，為二十八傳裔孫慶堂、薰琴；二十九傳慶光、寄芳、日騰、勳臣；三十傳弼臣、煒堂、渭文、友生；三十一傳彬、屺望；三十二傳伯裘等爰書諸石，以垂永久。中華民國二十年歲次辛未十一月上浣，二十九傳裔孫寄芳敬撰文書。

託言賴布衣發現的【金鐘覆火】

　　中國風水史上歷代名家輩出，像東晉的郭璞、唐朝的楊筠松、宋朝的廖瑀、明代的蔣大鴻、李默齋和清代的沈竹礽、張九儀等，都是鼎鼎大名之士，但要數深入民間者，南宋賴布衣[1]婦孺皆知，實不作他人想，特別是廣東人，因他曾在嶺南一帶點下不少名穴[2]，甚至有指他亦到過大嶼山，所以早早便判言其風水是「大象拖細象，代代出和尚」。

　　賴布衣究竟有否來過香港？由於無文獻或實物佐證，無從考據，惟筆者相信是虛構的多，像民間流傳他在香港點下了百花林「孫母墓」和【金鐘覆火】兩穴地，甚至後者還留有讖詩：「本地有個鐘，鐘內一團火，誰人葬得着，代代食好果。」以至鄧符協憑此而找到名穴，那真是百分百的胡謅！

　　也不用多解釋百花林「孫母墓」是近代人的手筆，與賴布衣扯不上關係，錦田鄧符協乃是北宋熙寧二年（1069 年）進士，除非他是懂得穿越術了，否則賴布衣成名於南宋初年，鄧符協又如何能看到其地讖呢？

1　賴布衣原名鳳岡，字文俊，號先知山人或太素，又號布衣子，民間遂有以賴布衣相稱，今江西省定南縣鳳山岡人，約生於南宋初年，著有《催官篇》、《紹興大地八鈐》等。

2　清人屈大均著《廣東新語》內有「厲布衣所相墳地」條，廣東話「厲」和「賴」音近，當為賴布衣，條中提及廣東有古諺：「族有布衣墳，繁昌必有聞」。

不過，縱使前人的偽託不值一哂，這番流傳倒證明了一件事，就是「孫母墓」和【金鐘覆火】確是非同凡響的名穴，否則民間也聯想不到其為國寶級風水達人的「作品」了！

【金鐘覆火】主發人丁，葬的是鄧符協的祖父鄧冠，又名粵冠，位置是在錦田河下游的元朗山（按：今十八鄉黃屋村後山，又稱山貝嶺），其面向廣袤的錦田平原，朝山便是大刀屻。由於整座山是作金鐘形，加上山坡上又埋有很多石矅（石仔），五行配屬是火[3]，故名「覆火」，而墓地就在金鐘的鐺鐺處。

鄧族相傳，昔日其太公鄧符協尋得這個名穴，本以為遷葬祖先的事必然獲得族人支持，那知人算不如天算，其計劃竟險些泡湯。

原來鄧符協為了說服族人，曾繪了一紙風水圖作說明，誰知眾人看罷，竟都搖頭勸止。他料不到大家居然反對，正大惑不解，便拿回風水圖一看，方驚覺自己一時大意，漏畫了一些緊要的山川細節，所謂差之毫釐謬以千里，難怪惹來誤會，便急急補回解釋，至此族人方明白【金鐘覆火】的奧妙，遂安心允許他攜骨南下，千里開基。

【金鐘覆火】這穴地由於四周滿佈石矅，意味着龍穴威力大增，故其對後人的感應亦相對加強。不過，凡事都有好壞優缺，也是因石多火旺而帶煞，風水師處理稍有不慎，分分鐘會害及墓

3　又稱【金鐘福地】。

►【金鐘覆火】

◄【金鐘覆火】碑文內容

碑文內容：

「公諱冠，追號粵冠，迺始祖承務郎長子，宋初擇貢元，配安人詹氏，生一子旭，嫡孫符，登崇寧進士，官陽春令，精通堪輿，奉公與安人合葬土名元蔭山，術家呼為金鐘福地形，有隆弗替。自宋迄明五百餘年，墓貌常新，有隆弗替。因錦田房夢麟等，各將父母陪葬公墓左右二穴，以致公無專塋，因搜麟等所刊公墓碑內稱，麟等快覩公塋圍厚公祀，愿出田陪葬，永克祭產，有稽批示，現存孫秩家收執，碑石不立，今將修祠剩銀，置竪附墓祀產，壯等於祠祭之日，合族擇吉重修立石，以妥先靈。以昌厥後。康熙十一年歲次壬辰十二月十七日丙寅，五大房子孫重修立石。」

▲【金鐘覆火】碑文內容

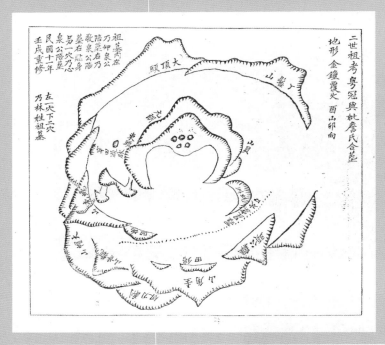

二世祖考粵冠與姚詹氏合墓
地形 金鐘覆火 酉山卯向

祖墓丙左
乃仰泉公
陰葬右乃
敬泉公陰
葬右身
另一次乃忞
泉公陰墓
左次下二穴
乃林姓祖墓
民國十一年
壬戌重修

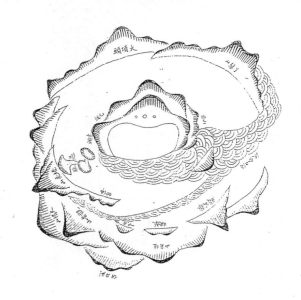

二世粵冠公之墓與姚詹氏合墓於土名員朗峯地形金火覆鐘坐酉山卯向

員朗峯二世祖粵冠公之墓符協公所卜葬也祖墓內左乃仰泉公陰葬
右乃敬泉公陰葬右貼身另墳一穴乃心泉公陰葬心泉公左一穴下二
穴乃林姓墓龍自蜆壳山撒下平洋連起壺埠結成珠絡馬跡渡水至
泉頭村後上龍頭起高金三節結穴成金鐘覆地形針卯向卯水持
朝下闊蜑洲一山貼身甚為有力傳此穴與丁碧山二穴為符公所擇
而浮者也

7

二世祖粵冠公姙詹淑人合葬金鐘覆火地形

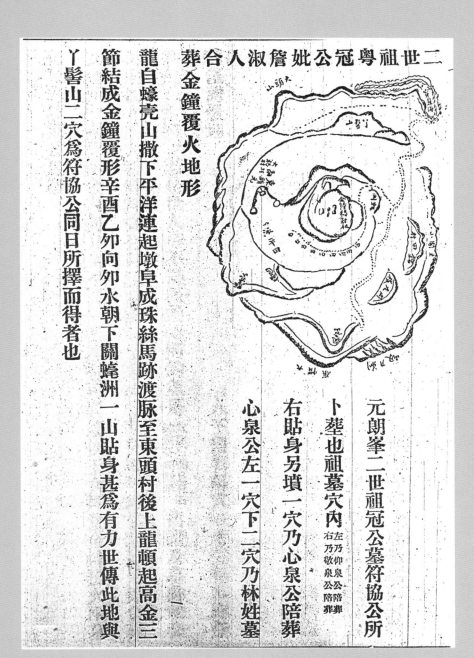

龍自蠔売山撒下平洋連起墩阜成珠絲馬跡渡脈至東頭村後上龍頓起高金三節結成金鐘覆形辛酉乙夘向夘水朝下關蠔洲一山貼身甚爲有力世傳此地與丫髻山二穴爲符協公同日所擇而得者也

元朗峯二世祖冠公墓符協公所卜塋也祖墓穴內

左乃仰泉公陪葬
右乃敬泉公陪葬

右貼身另墳一穴乃心泉公陪葬

心泉公左一穴下二穴乃林姓墓

主後人。為此，有傳鄧符協因應五行相剋的道理，事前共埋了九個盛滿水的大缸在墓地四周，以期水能制火化煞，但也是該穴的力量出乎意料的猛烈，當進金時，因地脈受到感應，山的另一邊竟突然山泥傾瀉，山坡崩了一大塊，如今山貝村與西邊圍之間有一條洪田村，土人便說是因當年塌坡堆平了沼澤，才生出這麼一大塊陸地建村。[4]

依規定，鄧族每年在農曆九月十七拜祭【金鐘覆火】後，他們還要順道濟幽，這可是拜祭這穴地的一項特別傳統。原來他們昔日修葺祖山，竟在墓地範圍發現了無名金塔十餘個，均是失祭多年，鄧族前人頓起憐憫之心，便立下祖訓，規定日後子孫在拜山後，必要備燒肉兩條（分兩碟）、茶酒各十盅、筷子十雙、白飯兩大砵、上香二子、大字五十對和溪錢一兩等擺於墓側兩旁，分成男左女右，以濟鄰客孤魂。

後記

在鄧冠墓的左邊另有一墓相連，葬的是錦田人鄧繼榮（1521-1586 年）。這種葬在祖墓旁的做法，稱「陪祖」，即陪葬祖先，內含彰顯孝道之意。

由於【金鐘覆火】的名氣太大，千百年來吸引了不少鄉民下

---

4 此說雖頗誇張，但當地確實有一條洪田村，位置也正是【金鐘覆火】的山背邊緣，因牽涉村史野聞，姑且錄之。

葬先人到附近山頭，但也是有人不守規矩，竟偷偷在別人祖穴的來龍處建墓，結果被人刻上：「侵犯墓地，罪孽深重。」四字，真是自招其辱！

► 鄧族文獻中記有【金鐘覆火】路祭的條文，此俗今已不見。

▼【金鐘覆火】2011年重修後外貌

道猶存：南嶽府中，甘棠遺愛何遠，祖德之恩光，聊申歲事之孝享，仰宗風而遠拔。附鳳攀龍，甲第蟬聯於百代，欣世澤之綿邈，蟲斯鹹定；尚饗。

祭仙人大座后土祝文

國號**年歲次**九月朔**越**日，奉祀主鄧**等，謹具清酌果品，蔬牲香幣之儀，致祭于本山后土氏之神位前曰，維爾有神，佑我後人，相于先祖：敬竭微誠，潔修葅菹，仰冀式憑，尚饗。

維

粵冠祖出胙肉五十斤，眾孫派胙，各祭品全上。

十七日祭金鐘覆地

金鐘覆地傍路祭條式
為先年整祖朝，山內有孤魂男女人客約有十餘位，公議祀祖華，即將

燒豬肉二條分二種　茶、酒各十壺　白飯二大碗　二兩燭二對
大字五十對　筷子十雙　上香二子
擺於該處兩傍，男左女右，祭之，謹記可也。　溪錢一兩

明廣東風水大師李默齋後人
秘密建塚「龍圃」

　　江西是中國風水理論的發祥地，「江右地師」之名，簡直就是名牌見證，但在明朝中葉，廣東中山（古稱香山）小欖出了一位殿堂級風水大師李秩（字叔典，號默齋），他的一部巨著《地理闢徑集》，影響廣東一派風水地師至為深遠，那「縮動平欄」之說，至今猶為堪輿師的金科玉律。李默齋的後人現在仍多居於小欖一帶，但有一家人卻在香港定居，並以經營浴室工程致富，他就是「李耀記」的始創人李耀祥，即超群餅店老闆李曾超群女士的家翁。

　　生有五子二女，傳被相士許為皇帝命的李耀祥發跡甚早，在1929 年已當上東華三院的總理，還拿過 CBE 勳銜。他生前在新界曾擁有不少土地，如今已賣給新鴻基地產的青山公路浪翠園四期地皮，以及在十三咪半青龍灣，門高牆厚，建得有如皇家帝苑，美名曰「龍圃」的私人別墅。

　　約始建於 1948 年，佔地三十多萬呎，由朱彬設計的「龍圃」，內裏除了有荷花池石舫八角亭，又有百步梯明樓大牌坊，奇花異卉，小橋流水，真恍如一座御花園，直與虎豹別墅、景賢里、大埔半春園和半山曉覺園齊名，任誰坐車沿青山公路往屯門方向，

▲龍圃鳥瞰

▲李耀祥

▲明・李默齋的《闢徑集》堪稱廣東堪
　輿學的經典

53

過了深井不遠，即能發現它那道硃紅拱門的蹤影，然而相信許多人也不知道，李耀祥當年花巨款買下這幾十萬尺幽谷，又花如許心機去經營，其真正目的並非簡單的享受人生，而是因為它乃一塊風水福地，他要把這「龍圃」建作百年歸老的靈寢；「圃」以「龍」為名，自是內藏龍穴也！

李耀祥在上世紀80年代逝世，死後和妻子陳月瓊合葬在「龍圃」山頂平台的白色墓塚內。該塚前有一小水池，直望就是咸湯門水道、馬灣、青衣島和太平山，廣場左右各有亭樓，盡處有一巨形牌坊，下以雲石長梯連接山腰的「宮殿」，並豎華表，氣勢非凡，而在墓底則建有地宮，以甬道相連，恍似北京的明定陵。

這條地道是由山腰直入，內裏有一小廁所，盡頭就是地下玄宮，現在已被磚封，由於當初建這甬道的目的，只為方便打理墓室，所以李氏夫婦去世，都沒有經甬道移壽入內，而是打開塚蓋頂放下。

那地宮面積頗大，分為兩間墓室，李氏夫婦各置左右，可能是風水的關係，據知二人的棺木並沒有埋葬，而是放在石台上架空停放，一若義莊。由於李氏家族一向都頗為低調，外間極少有關李耀祥是否習得李秋風水絕學的流傳，但從李氏墓塚設計可知，這一切顯是經過刻意營造，應出自名家之手，決非等閒之輩。

▲李耀祥墓並非一般的交椅式建築，而是一座墓塚，在香港罕見。

▶龍圃正門

後記

　　龍圃在 1980 年代前曾開放參觀，但不久即停止。1999 年 8 月一場颱風，使「龍圃」左邊斜坡山泥傾瀉，內裏不少建設受損。據風水師言，「龍圃」因隔鄰興建浪翠園的關係，李氏墓塚的「靠山」受損，加上園內樹木叢生，陰氣太重，會影響後人的事業，故也有言，今日的「龍圃」只是李氏的衣冠塚，李氏夫婦早已移葬他處。

附記

李秩風水軼聞兩則

　　李秩是明嘉靖年間（1522-1566 年）人，他六十多歲時為父親和伯叔在新會棠下天河鄉蘇村[1]覓得【虎地】名穴，他把父親點在虎額的「王」字紋正穴上，叔伯則葬在偏穴。由於墓的巽位（東南方）有一形似筆架的山，所謂「巽上有峰出狀元」，故主發貴，而他的子孫也真的科第年年，不過相傳自他把先人下葬【虎地】後，李氏族人每年拜山都出現怪事，那凡是走最尾負責燒炮仗的，翌年必然死於非命，於是就有人解釋，說是那炮仗聲把【虎地】驚醒吃人，為了免招虎噬，族人就想出一條妙計，上山前都先預備一隻黑狗，把

1　本為秀村，因新會人讀「秀」成「蘇」音，李秩誤聽為蘇村。

▲ 龍圃除一度開放與遊人參觀，更是電影外景熱門場地，電影《瘋狂酒吧》（1970 年）、
《龍爭虎鬥》（1973 年）和《鐵金剛大戰金槍客》（1974 年）均在園內取景。

孝思誠誠·

公諱誠字成之別號梅雪隴西欖溪之裔東團公之嫡子也其先南雄保昌之世家也始邊入廣奠居於香山小欖之泰寧建籍肇基世有積德迨乃祖考善繼述而昌大之公生於永樂甲辰十月十四狀貌恢奇賦性溫平居慷慨而接人待物一本於誠銳志好古謙讓有禮其處鄰黨多有容德鄉人敬之如父棐悍者化之治家勤儉多所建劍尤善詩詞有唐人之風當世士夫所知薦以鄉飲拜授冠帶誠與不識稱曰梅雪先生卒於正德癸酉六月十五享年九十也妣新邑東涌之周氏生於宣德丙午十一月初一日考敏勤儉善事舅姑雖饒於財常以紡織身率家人教誨子孫各有成訓至今傳以為式卒於宏治戊午四月三十享年七十有三也和政用明女一人適新會之沖翼梁瑞孫男六人悅悍科懷秩權曾孫男一十四人再娶城趙氏先合殯於欖山卜今季冬十日之吉改葬於窟龍坑子癸山之原於茲以銘之

銘曰公有碩　內相維貞天益其壽地戶其靈卜兆龍窩嘉魂以寧垂祀千億

鄉進士外姪孫何派行頓首百拜謹撰

嘉靖十八年歲次己亥季冬十日之吉孝孫李惇科懷秩權曾孫詒業等泣血之石
乾隆二年丁巳孟夏吉旦裔孫華重修
道光五年乙酉季冬吉旦裔孫大器等復修·

▲ 龍圃的牌匾

◄ 李默齋【虎地】祖穴碑文

牠綁在棍上放到隊尾，好讓「老虎」追來時大快朵頤，而說也奇怪，自從他們這樣做後，真的再也沒人無端死亡，不過故事到此還未有完，因為那蘇村自李秩葬祖後，就像遭了詛咒般，人丁斷絕，變作廢村，有說便是因【虎地】龍氣力猛而生「煞」，才使全村滅絕。

李秩除了為父親叔伯尋得【虎地】外，他亦為自己在鶴山沙坪樓沖找到一座發富的名穴【龜地】，不過有風水師曾勘察過該處，發覺山形帶有瑕疵，喝象為【龜地】並不全中，反而應該叫它做【縮頭龜】才對，這究竟是不是李秩看錯呢？傳聞這中間是有一段玄妙典故的。

話說李秩有一兒子名詒基，此子辦事滿有魄力，但卻有一副牛脾氣，就是愛和老子作對抬槓，李秩說東他就偏偏話西，故所作所為每每使李秩哭笑不得。那回李秩因尋得【龜地】打算自用，想到後事難免落到這個包拗頸的兒子身上時，不禁心煩起來。因李秩對陰陽相剋之學素有研究，明白下葬這種以烏龜喝名的穴地，是決不能有硫黃火硝如燒炮仗之物，但他心知若是直接吩咐兒子，那他九成會和自己作對，照燒炮仗如儀。為免名穴遭破，自己的心血白費，他便心生一計，故意在臨終時千叮萬囑兒子放炮仗，他以為兒子一定會跟老子搞對抗，那他便負負得正，得其所哉。誰知李詒基一世與父親作對，那回居然句句依足李秩遺言去做，一葬罷

香港名穴掌故鈎沉

58

父親，即大串大串炮仗的燒，這一來就把本是伸頭龜的【龜地】嚇成了縮頭龜，使得名穴威力大減，也真是人算不如天算！

後記

據近代風水大師談養吾《大玄空實驗》一書所載，李秩在中山白米山點有一穴【出水象】，依山眺海，氣派莊嚴，在清同治光緒年間，每逢春秋二祭，山上眾多祖墳，來拜這個墓的人必然最多，當中官位大如總督者也有幾人，丁口繁衍近萬，明朝扦的穴發至清末，不可說不厲害！

又據香港風水名家關鳳翔《堪輿學原理》所記，說李秩在尋得【龜地】之前，原已為自己在順德甘竹右灘象山大竇窟找來一名穴，卻因穴場滿是大石，要請人掘走才可應用，就在施工期間，李秩在工地午睡，忽夢見一老者告誡他，指那穴地乃是甘竹黃狀元的祖地，他無福享用，要他到鶴山樓沖另尋壽基云云，於是他才找到【龜地】所在，而那老者所謂的黃狀元，即鼎鼎大名的黃士俊（1577-1661年），他是廣東順德人，在明萬曆三十五年（1607年）中榜，前後做了四十多年的宰相。

刻三名，生三子，風水師為曾氏
〔斬關穴〕作名譽之戰

　　人人都說風水師愛馬後炮，以下兩則卻是民間流傳的風水師「馬前炮」掌故：

　　宋代風水師廖瑀為許姓人家在江浙交界覓祖墳，點下【將軍大座】，事先言明會出一名太守[1]，及後其子孫果然做了虔州[2]太守，當時廖瑀已死，許氏後人為感他的恩德，特寫了一篇祭文多謝他，現今祭文仍存世。

　　元末明初風水師董德彰為江西樂平縣汪姓女子扦墳，地名「洋源」，下葬後即斷言汪家會速發，更說有人會「半夜敲門送契來」，及後只一年多，汪氏一名富而無子的表叔，果然半夜到汪家送產拜託後事，應驗了董半仙的預言。

　　以上兩則掌故都證明一件事，有本領的風水師都能夠一言九鼎，說一不二。香港名穴史上亦出現過一位如此高人，他事前隱瞞身份，事後慨然接受挑戰，以名譽為注碼來證明己學，而事情就發生在一百多年前，地點就在沙田的曾大屋。

　　話說曾大屋創建人曾貫萬生有六子，各人都開枝散葉，子女

1　即今日的縣長。
2　即今日贛州。

盈門，惟獨是老六年近半百，縱然娶了三位夫人，仍是沒有子女，心裏不免惆悵！

這一日傍晚，曾老六又獨自在屋前穀場閒踱，突有一名中年男子走近，原來是位郊遊人士，因口渴又四野無人，就想到曾大屋借水飲。曾老六為人好客，便請男子到家裏一坐，好閒談幾句消磨時間，中年男子欣然應允。

在屋內，曾老六叫過工人端來熱茶，便跟中年男子談天說地起來。中年男子見門外有數名小孩奔跑嬉戲，精靈活潑，還道是曾老六的子女，便隨口問起孩子名字，曾老六無奈，只得報以尷尬一笑，說道那些都是兄長的子女，自己仍膝下無兒。

那中年男子知道失言，也沒有說幾句話打圓場，只是突然靜了下來，像是思索某事，如此一陣沉默，中年男子忽又問道：「曾先生，你想要幾多個仔？」曾老六道：「我年紀已大，三個也就夠了！」「咁少，三個就夠？」「如果有的話，三個送終就夠了！」說罷，那中年男子又再沉默不語，這時曾老六見夜幕低垂，已不便出九龍城，就叫工人備飯，並招呼中年男子留宿一宵（按：那時沙田還沒有車路出九龍。），中年男子也不拒絕。

翌晨，中年男子向曾老六告辭，臨行前說道：「曾先生，過兩天我送一塊風水地給你如何？」

老六愕然道：「先生懂風水？」

「只是略懂吧！你愛丁還是愛財？」

▲孤立山頭的〔斬關穴〕

▶近看〔斬關穴〕
已非常殘破

▲〔斬關穴〕的明堂，朝向將軍澳群山，墓底有三個小丘，傳言即蔭生三子的風水所致。

「那當然是丁！」

「好，你有未葬的先人嗎？」

曾老六想了一想，忖道：「父親已葬到南圃山上，我哪來未葬的先人骸骨？」忽記起多年前曾在附近山野拾得一副無人拜祭的骸骨，後來買了個金塔盛着放到屋後山邊，便道：「我拾回來的可以嗎？」

男子道：「親自撿的就可以了！」

老六喜道：「那有。」

男子點頭道：「很好，那你先想定三個兒子的名字，待下次見面時告訴我。」說罷便揚長而去。

飛鵝嶺是香港第十一高山，海拔 682 公尺，今天縱有車路直達，若非郊遊，恐怕亦不會無端上山，更何況是百年前把先人葬到這麼高了。但說也奇怪，在飛鵝嶺面向將軍澳的一個山凹處，卻有一座孤墓建着，風水師稱這穴地為〔斬關穴〕，它就是百多年前曾貫萬第六子所起的無名穴了。

原來那自言略懂風水的中年男子離去後，只隔兩日便把曾老六撿的一副骸骨葬到這個山頂穴地，但更離奇者，是墓碑上除了寫有「曾氏福德公之墓」幾個字，他竟然在碑末刻上那三個曾老六還未出生的兒子名字（按：都是「廣」字輩的）。

在完山當日，中年男子對曾老六道：「曾先生，實不相瞞，我是一名掛牌做生意的風水先生。那日我上山覆墳錯過了回家的

時間，幸得你招呼過夜，我才免於流落荒野，實在感激。我知你是個仁慈君子，因聽你無子繼後而終日愁眉，為報答你，我決定無條件贈你這個偶然發現的〔斬關穴〕。我當日不告知身份，是害怕你以為我是乘機搵生意，我如今在碑上刻下你三個兒子的名字，我敢言五年內你若無子嗣，歡迎你來九龍城打鐵街[3]找我，我送你一柄斧頭拆我招牌！」

曾老六事後當然沒有去找那位風水師的晦氣了，反之二人還成為莫逆之交，因為曾老六果真在 50 歲後，還得了三子一女，應足了那位風水師的預言，而這件事也有記載在族譜中。但遺憾的是，曾老六在獲得三名兒子後，不及數年便去世，有言也是應了當日「三個（兒子）送終就夠了！」之語。

「斬關」是風水術語，意即在龍脈結穴前設關口把其截下，也即把長長的龍脈輕輕斬下一小缺口，並在缺口處建墳，好搶先攝取靈氣。〔斬關穴〕又名【沖天打凶門】，那風水師所斬的龍脈就是結出飛鵝嶺下「孫母墓」的一條，但由於斬的規模小，不礙主幹的大勢，影響不了「孫母墓」的能量，故此能點下的風水師，實是高手一名。

今天，那座〔斬關穴〕仍然可以找得到，但已經十分崩壞，長滿野草，碑文亦不清楚，但當年因為補救左邊子孫堂下陷，故意築起的小石台，其殘跡仍在，小心察看當可發現，而穴前落坡

3　即今樂善道附近。

刻三名，生三子，風水師為曾氏〔斬關穴〕作名譽之戰

▲〔斬關穴〕就在圖中箭咀標示山頭的背面

▲〔斬關穴〕（攝於2008年）

▶風水書中對〔斬關穴〕
　的描述

風水二書　形氣類則

一斡龍有廟前有倒騎有橫騎有斬關蓋頭插庭帳
橫間剝換中僧雷成星且秀嫩當活領異惑成當屬
或成乳突或斜洗神洗氣此老骨貼出嫩月脈來氣
止在龍脊之正中間前山勒轉水分入字兩傍繁嶺
不見水去不見水來更得長穴王富貴長久如生穴
忽開為廖如金盆銅鑼仰掌一邊拘騎倚行龍之機間
在前則為倒騎坐穴在後則為廖騎偷行龍脊此加
有骨提兒必案朝倒剝穴羅皆於龍脊此則加一遠
橫騎若穴貼在龍身或岩龍脊偉個待人工裁成者此

－106－

花途逕曼寄在
門穴去甚
鴻穴甚大
於正勢耳古云騎龍須逆若龍貴無敵假使
又謂之斬關雖皆具結必借局會意而雍但容關次
其穴情陡漫前山反弓南水斜荡皆凶俗
云二十個騎龍假又有龍將盡龍勝危
抱棄高作穴者亦曰騎龍又龍勝危起一星斬起逆
結着俗日應龍穴乃星逆也是為天刻得正龍之正
氣其刀大擺攔連而悠邊間膛帝出書日大地多從
鬱騎籍容枝回轉作城郭若中途龍腰另出數節便
是小枝井腰落穴、

－107－

▲同為打鐵街風水先生點下的【蠍子穴】。此穴發富,但也生出惡人,傳當年此穴地有後人將一名娼婦捉入海中溺死。

▲ 曾貫萬在稔凹(坳)的墓地於 1993 年重修,此為當年完山請柬。柬中所言光緒十四年,即 1898 年是其去世之年,非遷葬稔凹之年。

▶【萌芽穴】

處連續的三個山崗，傳聞就是曾老六連生三子的原因。曾氏第六房的子孫現今每年仍會前去掃墓，這一切正好印證先人的風水奇逢！

後記

曾老六在荒間拾得枯骨而小心安置，明顯是做效父親曾貫萬的做法，結果他同樣在安葬「無名骨」後得逢奇遇，好心有好報，這難道單說巧合就能解釋嗎？

莫論〔斬關穴〕夠高，沿車路在飛鵝嶺一帶的山頭，另有兩個曾氏墓穴——【蠍子穴】和【萌芽穴】，前者葬的是曾貫萬的哥哥曾輝賢，後者則是其嫂游氏之墓，均葬於 1893 年，據曾老六的後人告知筆者，原來兩墓都是其祖先請那位打鐵街的風水先生點的。

曾貫萬生前養有風水先生，本已一早擇好下葬沙田南圍[4]，一處穴向白鶴町村[5]的風水地，誰知他死後到 1907 年，該穴地因要遷就九廣鐵路的興建，只得放棄，改葬到大埔稔凹長壢尾，及後到了 2001 年，又因山泥傾瀉，明堂受損，其墓迫得再移到沙田水泉澳附近山頭，真可謂一波三折！

4　近今天希爾頓中心附近。
5　此村後因風災被移為平地。

【玉女拜堂】生駙馬，
錦田鄧氏諸名穴之首

　　若數香港最「勁」的名穴，東西兩邊應各有一處。東者便是催出了一位總統的「孫母墓」，而西邊就是蔭生了一名駙馬的【玉女拜堂】，兩者都是出大貴人物的風水寶地，但若論誰對香港更為重要？那一定是【玉女拜堂】，因為全賴它掀開了香港的文明序幕，引來了江西鄧族的開基，香港才不再困囿於只是一座軍港、一片鹽田，甚至是一個賊窩，而是搖身一變成為民豐物阜的嶺南福地。

　　要說【玉女拜堂】，則需由鄧氏家族說起，而提及鄧氏家族，則必定牽涉他們一位了不起的風水大師——錦田[1]鄧氏的開基祖鄧符協。

　　據鄧氏的族譜記載，鄧符協原名符，符協是他的字，號瀛齋，祖籍江西省吉水府吉水縣白沙村，生死時年不詳，只知道他是宋神宗熙寧二年（1069 年）的進士，曾當廣東陽春縣令。相傳，鄧符協在陽春縣任職期滿，乘船返回江西家鄉途中，因遇上暴風，被迫停泊到屯門，由於他深諳風水術[2]，當在船上遠望青山和大

1　錦田在明朝萬曆十五年（1587 年）前稱岑田。
2　鄧氏是江西人，江西自古即是風水重鎮，名家輩出，如卜應天、曾文迪、廖瑀、吳景鸞等，所以鄧氏曉風水信風水一點也不出奇。

▶【玉女拜堂】

▲丫髻山

▲正望【玉女拜堂】，穴後圖右大墓為屏山「福建伯鄧馮遜墓」。

頭山（靈渡山）之際，但見兩峯火木參天，知其中必有結穴，遂登岸尋覓，卻為元朗山川的鍾靈毓秀吸引，不能自拔。途中，他除了發現錦田平原，還真的在橫洲丫髻山的左右麓、元朗山貝（背）嶺和柴灣角曹公潭找到了四個百載難逢的名穴——【玉女拜堂】、【仙人大座】、【金鐘覆火】和【半月照潭】，於是他繪下穴圖，馬上返回江西，作了一項驚人之舉——千里搬墳。

鄧符協回鄉後，除了把上三代祖先的骨殖南遷，他還孤注一擲，舉家定居錦田。他有此舉動，毫無疑問是因為被元朗的無敵風水格局所震撼，他斷言這塊平原地，無論陰宅陽宅都是上佳之選，卜居在此，其後代必定人口興盛，富貴無憂。而當他安頓好家人後，首先做的，就是安葬他的曾祖父鄧漢黻於【玉女拜堂】。

【玉女拜堂】位於元朗橫州程坑嶺丫髻山的右麓[3]，主發貴。這個穴有此名稱，原因是它的結穴位置剛好在兩條山脈的交界處，恰似女性的下部，於是便叫「玉女」，加上穴位對正高聳柱狀的觀音山，像是朝拜天子[4]，是為「拜堂」，二者合一就成了【玉女拜堂】，然而整個穴場最獨特的地方，就是它所坐落的靠山——丫髻山。

丫髻山，顧名思義，就是山脊上左右各有一小峰的山，由於外形像小童的丫角髻，故名。風水古籍中曾明言，這類山能蔭生

3　今橫州工業村對上。

4　所謂朝拜天子，實是文人潤飾之辭，白一點說，那觀音山就如男人的陽具，【玉女拜堂】實是說一女性陰戶形穴位正向一陽具形山峯，是陰陽和合，故會出人丁。

▲【玉女拜堂】穴位圖一　　　　　　▲【玉女拜堂】穴位圖二

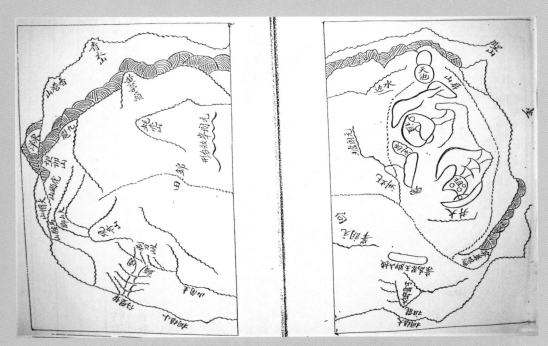

▲【玉女拜堂】穴位圖三（此圖亦見【仙人大座】）

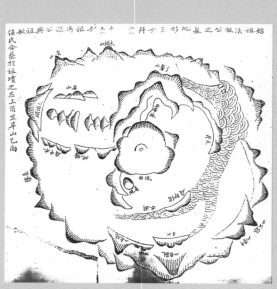

始祖法飯公墓之地形女三拜
上云考祖馮遊公興祖妣侯
氏合葬於祖墳之左上簡坐辛山乙向

▲【玉女拜堂】穴位圖四

▲【玉女拜堂】墓碑風化頗嚴重，部份字跡已然不清。

◀在【玉女拜堂】山口右邊的名望柱，另一條則為密林所蔽。

出駙馬，此書就是唐朝國師卜應天[5] 所作的《雪心賦》。據書中所言：「……金誥花開，名展誥山，如玉花官誥展開也，兩頭微高為金頂，故名金誥花開……若有金誥花開，應出男人貌美，婚配公主，而為駙馬。」

誥是皇帝敕封官員的命令，通常寫在一幅兩頭包有木棒的卷軸之中，就是我們看戲時官員朗讀奉天承運皇帝詔曰的那種。卜應天認為凡山形仿似拉開的卷軸（展誥），出現頭尾皆高中間平伸的形狀，這種山所結出的龍穴即能庇蔭後人婚配公主。

果然，鄧符協葬了曾祖父百多年後，他的玄孫鄧惟汲就娶了南宋高宗的女兒趙氏，被封為稅院郡馬，平民百姓竟成為中原皇帝的親戚，在古時被稱作南蠻之地的香港，可說是一件不可思議的超級大盛事了，而到了今天，皇姑趙氏和郡馬的神位仍被高高供奉在多座鄧氏宗祠之內，這些都可看作是對【玉女拜堂】的一份歷史印證。（按：有關葬皇姑和郡馬的風水名穴，將另有章節詳述。）

由於【玉女拜堂】威名太盛，鄧氏族人特意在丫髻山的左右兩邊山腳，各建了一對約二十尺高的名望柱，又稱石燭，以證此穴非比尋常。該柱的頂部置有一頭小石獅，坐高望遠，威武非常，但並非獨有，何東家族在摩星嶺的「昭遠墳場」和粉嶺陳天申的

5　又名卜則巍。

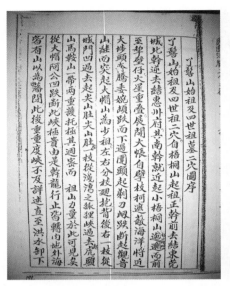 

丁罾山始祖及四世祖墓二穴圖序

丁罾山始祖及四世祖二穴自梧桐山起祖正幹前去結東莞城北幹遶去結惠州府其南幹就近起小梧桐山迤邐西前至勢擘仔火星重疊展開大帳自擘枝柯遶過薇海洋將近大排頭奔騰委婉頓跌而下過圓頭起剝刀峽斷起觀音山岫西突起大帽少祖左右分枝迴抱背後右一枝從城門四過兩起夾胀尖山胀一枝從淺灣之狐狸峽過去虎頸山馬鞍山一帶兩重護托極其週密而祖山力量於此可見矣嵩有山以爲藩閏此後重重度峽不及詳述直至洪水卸下從大幪阿公四跌斷此峽極貴由是幹龍行止峻轉向地外海

平洋筆田渡峽左右分核以爲翰衛正龍起伏頭跌亦開大池載龍有出特從自衛前遶而上如生龍活蛇聳起了罾山成誥軸開花右角始祖漢藪公地水支太陰金星高中突穴粘臺爲業觀音山特朝呼玉女拜堂形肉局右水倒左下閏紫閏前逆大幪山之水打辛山乙向左角此幹畫結四世祖倒地勾獅象掛列爲門戶正對橫山腳玉琴爲案少祖之水一字橫過尖前內局左右砂逆水高地呼仙人大座形騰上穴打寅甲向句此二地也左砂逆水高郎能自卜願諒必將錫館於帝室云

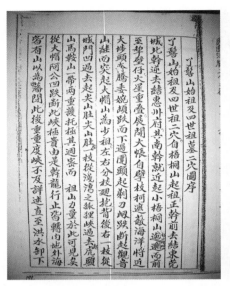 の下キャプション：
▲《鄧氏族譜》中所載，對【玉女拜堂】及【仙人大座】的風水判語。

▲留意在風水判語中有「誥軸開花」句

▲【玉女拜堂】2011年重修後現貌

香港名穴掌故鉤沉

【真武步龜】便都有此派頭。

後記

　　據風水師言，名穴所起的作用需時並不一致，有些格局大的，可能要等百數十年才見功效，那是放長線釣大魚，一如【玉女拜堂】的一等就等了四代，但一釣就釣了一個炎黃世冑的身份回來。

　　鄧符協在錦田北圍定居後，建有書院「力瀛齋」，是為香港最早的學校，故鄧氏家族文風特盛，而這間書院到清朝中葉還存在。

八百年元朗名穴【仙人大座】蒙難記

　　新界的六大家族，每年重陽前後都有拜太公的習俗，像鄧氏家族除了整個農曆九月要各自輪流拜祭歷代祖先，錦田、屏山、龍躍頭、大埔頭、萊洞、大塘湖等[1]眾子孫更定下農曆九月十七齊集到元朗的三座祖墳掃墓，而九月十九則到荃灣的【半月照潭】拜祭，人數足有十多部旅行車，非常壯觀熱鬧。

　　鄧族人數眾多，祭祖人數出現登山人龍，如此的聲勢當然叫人欣羨，但原來早在四百多年前，情況卻不是這樣的，鄧氏子孫曾「因循廢事，不思修理」，以致一座至為重要的祖墳險遭長埋荒野，這頁名穴的滄桑史如今已很少人記得，一切還需由明朝中葉說起：

　　　時間：明嘉靖四十五年（1566 年）
　　　地點：元朗橫州程坑嶺丫髻山左麓
　　　人物：鄧靈範、鄧元輝叔侄
　　　目的：尋墓

　　這一年，北京的天子明世宗朱厚熜駕崩，下葬陽翠嶺永陵，

1　厦村鄧氏拜農曆九月十六日。

香港名穴掌故鈎沉

76

▲【仙人大座】

▲山火後的【仙人大座】，其來龍去脈更為清晰。

紫禁城一番忙亂，但這件轟天大事，於遠在天南的一對叔侄，卻起不了甚麼作用，他們芒鞋竹杖，由屏山來到了橫州，這番辛勞不是為了別的，正是為了找尋一個已經失落數代的祖墳；一個凡是鄧族子孫都不可不理會的祖墳——鄧符協之墓。

行行重行行，攝過及身的長草叢，攀過嶙峋的亂石地，繞過【玉女拜堂】，憑遠去的記憶，鄧靈範二人終於找到了那座傳聞中的宋墓，但那分高興卻是短暫的，因見牆台崩塌，野草蕪蔓，單看如此蒼涼光景，誰又會想到墓中主人會是下出五大房、十多條鄉村，數以千計後人，威震東莞新安的望族先祖呢？盯着這座荒墳，作為後人，鄧靈範羞愧無地。

鄧靈範並非別人，他就是鄧符協的十四世孫，鄧元輝則是鄧靈範的從侄，而那座破墳正是鄧符協生前為自己點下，而甘願為它千里南遷，被後人譽為鄧氏四大名山之一的【仙人大座】。

【仙人大座】位處丫髻山的左麓山腰，土名程坑，在風水理論中，它結穴半山故又可稱為「肚臍穴」[2]，由於穴位左右兩邊的山勢像太師椅的扶柄，是名「大座」，相傳此穴因遙對象徵一座「掛榜山」的圭角山，故主發文人。

話說鄧符協死後四百多年，鄧氏子孫果如他生前所料，枝葉繁衍，早已由錦田散居開去，到鄧靈範的時候，新界的龍躍頭、

2　結穴山頂稱為「凶門穴」，結穴山腳稱為「下陰穴」，例如【玉女拜堂】。

▲【仙人大座】明堂

▲遠看【仙人大座】及丫髻山

▲【仙人大座】採吐葬式設計,故推測鄧符協
非二次葬,而是連棺木大葬。

▲【仙人大座】2011 年重修後現貌

▲農曆九月十七，錦田鄧氏一族祭祖。

香港名穴掌故鈎沉

大埔頭、萊洞、屏山和厦村，甚至東莞都已有他的後人開村，儼然為廣東大族。但可惜宗族的擴大，亦造成宗族的分化，加上宋元明的戰亂交替，交通來往又不便，各鄧族子孫慢慢只知有自己的開村祖宗，而忽略了開族的始祖，【仙人大座】也是為此而長遭冷落，甚至連存在與否亦無人問津，那回鄧靈範之荒山尋墳，就是這個原因！

鄧靈範回家後，他把所見所聞告訴父親鄧蒸，鄧蒸便欲當發起人，召集各處鄉親，謀求重修【仙人大座】，但礙於商議費時，鄧蒸見舊墓爛得嚴重，便索性肩起葺墓全責，以彌補百年來疏忽先人的不敬。如此經過一番努力，【仙人大座】終於在 1566 年農曆閏十月廿七日重修竣工，在完山日，鄧蒸聯同兒子和孫子到新墓前拜祭，並立下石碑細縷經過，好警惕後人，名穴至此才幸得保存。

今天，【仙人大座】的碑文風化，明代的原貌已失，堂局風景亦改變不少，前面萬頃良田都變成橫州工業村，幸好樓不甚高，百年前山川風貌尚能辨識，有言當年鄧符協苦心佈下四大名穴之局，一心保子孫富足安樂，誰知在亂世之中，他的子孫發富發貴，卻偏偏連太公的山墳亦忘掉了，這或許就是人算不如天算吧！

後記

【仙人大座】被鄧靈範重新發現時，破壞應十分嚴重，因為連原來的碑文也不見了，故此鄧符協的生死年日至今仍然是一個謎（族譜亦沒有記載），而上述的典故及其中用語，主要是引自鄧靈範寫的碑文內容。

另外，四百年前的這起「失墳」事件，可說給鄧氏家族一次十分大的教訓，以致後來的鄧氏更為團結，變得慎終追遠一絲不苟。據知他們除了每年一起拜太公之外，1995 年起還設下規矩五大房每房逐年負責祭務，這還包括住在大陸的鄧氏後人。

鄧氏有所謂五大房，指的是鄧符協的五名曾孫，他們是元英、元禧、元禎、元亮及元和。這五人後來分家發展，元英、元禧及元和的後人世居東莞，元禎及元亮的後人就長居新界。以往大陸閉關，中港兩地失聯，鄧族香港的祭務只由元禎房（屏山）和元亮房（錦田、厦村、龍躍頭、大埔頭、萊洞等）負責，但隨着如今內地出入境手續簡化，東莞鄧氏三房人亦恢復南下祭祖，好像東莞竹園元英房的族人便在 1999 年做主祭，而繼後幾年的順序安排將是元禎房、元亮房、元和房（東莞懷德）及元禧房（東莞福隆）。

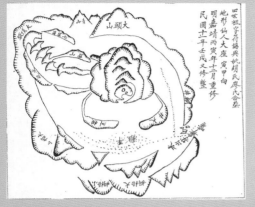

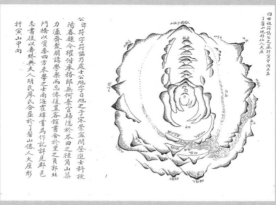

四世祖符協公之五達扞寅甲向上石
扞墓山地形仙人大座

公葬符字符協万虜士公旭字日旭之子宋崇宜閏登進士科授
陽春縣令楹付承祿槁於谷田之桂角山墓
力濟齊聚朋講譽藥而忠傳後里之頁郭址
門僑以貢春四方承譽士之南海霄嬸置書合於里之頁郭址
志書槎以尊懸典夫人碩民虜民合葬於了嶺山億人大座形

▲【仙人大座】穴圖之一　　　　　　　　　▲【仙人大座】穴圖之二

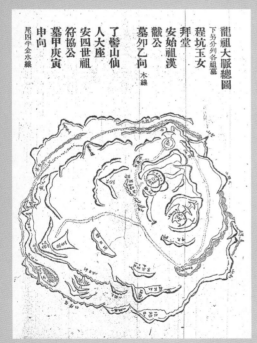

龍祖大脈總圖
下另分列各祖墓
程坑玉女
拜堂
安始祖漢
戳公
墓卯乙向　木線
了簪山仙
人大座
安四世祖
符協公
墓甲庚寅
申向
尾四牛金水線

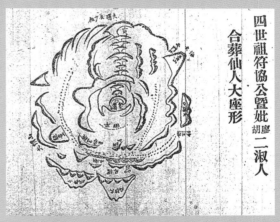

四世祖符協公暨妣
合葬仙人大座形
胡二淑人

▲【仙人大座】穴圖之四

▲【仙人大座】穴圖之三

「公諱符，字符協，迺處士諱旭公之子，承務郎漢戩公曾孫也。登宋崇寧二年進士，官陽春令，署南雄倅承務郎。公性好士，置田以資四方來學者。生二子：日陽、日布；陽生一子珪，珪生二子元英、元禧。布生一子瑞，瑞生三子：元禎、元亮、元和，始分為五大房。子孫繁盛，分處於東、新二縣數千餘人。公與安人合葬於新安名丫髻山仙人大座，寅申向之原。自宋、元、明至皇清甲戌歲六百餘年所矣。世承福蔭，科甲代不乏人。公之對塋尤稱福地，然歷世久遠，墓貌改舊，茲闔族子姓鳩工維新，乃於甲戌八月初七壬寅日興工重修，立碑永垂不朽焉。康熙三十三年歲次甲戌八月初七穀旦五大房子孫立石。」

◀【仙人大座】碑文，其中「崇寧」，當為「熙寧」之誤。

「承務公生於宋，仕於宋，其始卒之與月日不可得而詳，而其後則特且盛，共墓額則曡曡然猶存也。公之墓于茲者，四百餘年矣；乃有裔孫曰靈範，承家君命往屯門，過屏山，訪於十五世孫元輝，曰：予始有知聞吾祖承務公，及稍長，又聞有承務公之墓，子承宗長，子其識之乎？如其識之，亦俾予識之，予之勢也。元輝應曰：識之矣。導予行，行半里許，迤及見始祖墓過半里，乃得見今承務公基云。予始登墓，見其山環而川縈也，曰壯哉勝矣，是子孫之賴也。見其壇邊則倒塌，其草木荊榛蓁如也，曰嘻嗟，吾祖若告其父孫若是，予之罪矣，予之罪矣。於是埋舟楫載祖爺，且酒殽，親往祖墓，立命去其荊棘，剪其榛蕪，尚野翁嘆曰：有子孫若是，而使其祖荒蕪，是子孫之罪也。而子孫若是，是予之罪矣。行而登舟，走而歸東，分投諸族，曰：以今冬修承務公墓，使三往凡來得報書，翁復毅然嘆曰：築舍道旁，三年不成，嗟嗟我祖之葬，四百餘年，其間廢圮者，不下百餘年，而無人興思修理者，是則因循廢事也，予今其可待哉，其可待哉。因具灰石，募工匠造玟，祈請而遂焉。墓山丫髻，寅申方，屬九都，地稍北數煙，則大井村也。堪輿家以地之肖仙人大座形，極山水之勝。其左一穴，則九世孫彥通之墓。公墓舊有壇石誌銘，遭世亂而，以故公之始卒行實，皆不可考。有諱漢戩者，則公之曾祖也。」

◀鄧蒸所立碑文

◀【仙人大座】穴前的名望柱

回頭叫三聲，功名自來的【荷葉跋龜】

　　「落地喊三聲，好醜命生成。」這兩句諺語是説人一出世食幾多着幾多都是天注定，無論後天如何努力，都難敵冥冥中的主宰。但錦田鄧氏家族自明代起，卻有一條「喊三聲」的古怪村俗，其意思剛好相反，説只要士子在赴考前爬上圭角山之巔，站到山頂上的幾塊大石[1]，回頭向村連喊三聲自己的名字，那麼他就能運轉乾坤，金榜題名……。呀，對不起！這中間漏了一處最緊要的關節，就是上山前，必須先到【荷葉跋龜】處上一炷清香。

　　【荷葉跋龜】位於水尾村以北，一處叫東坑的山丘下。那裏有大片平地，本為鄧氏族人練習騎射的地方，在明初時，世居錦田的鄧氏十五世祖鄧洪儀下葬此奇穴，由於地形像一塊拱起的荷葉蓋到烏龜背上，烏龜自葉底爬出，故名，而墓就葬在烏龜的眼睛[2]。

　　術家稱這種地形為「大金包細金」，大金是指半月形的大山丘，細金是指如初月形的小山丘，又分別叫「太陽金」和「太陰金」，凡在上述地形點穴，而位置落在初月形山丘的角位時，就叫「太陰葬角」。相傳，這座名穴專發文人，原因是它的遠前方

1　土人稱妝臺石。
2　又名【金爐覆火】。

▲【荷葉跋龜】

▶【荷葉跋龜】碑文

▲圓圈所在即【荷葉跋龜】（星形符號）所處的龜形小山

左有靈渡山，風水理論解作「官星」；右有丫髻山，即「聖旨」；如是二者皆為象徵做官的信物，加上昔日河口有一文塔[3]，象徵「文筆」，所以能蔭出文人鵲屏高中。

據族譜所載，自鄧洪儀下葬該穴後，他的孫子鄧廷楨果然於明憲宗成化年間（1465-1487 年）中舉，自此凡是錦田子孫北上赴考，便都會到墳前上香，祈求祖先祝福，而又因為鄧廷楨獲取功名前，傳聞曾上圭角山上大叫名字以增膽氣，以後便成俗例。

提起鄧洪儀，他可說是鄧氏一族的傳奇人物，他的不畏險厄，代弟從軍，孝悌之名揚於梓里，堪稱港史上的千古佳話。

話說在明太祖洪武二十六年（1393 年），大將軍藍玉被指謀反，朱元璋乘機去其黨羽，連坐數百家人，史稱「藍玉案」。事件中，共犯何榮被誅，但他的叔叔何迪就趁亂逃亡海上，但最終亦為廣東都司所殺，照理這股發生在萬里以外的政治風暴如何也吹不到錦田來，誰知鄧洪儀的弟弟鄧洪贄，因與何迪的女兒指腹為婚，結果慘遭牽連，要充軍遼東。

鄧洪儀身為兄長，眼見自己已生三子，而弟弟還未成婚，加上洪贄天性溫純，年紀尚幼，恐怕他在途中會遭遇不測，於是便冒名頂替到邊疆戍守，以保護弟弟。如此三年期滿，鄧洪儀放還家鄉，但當他走到江南時，已經用盡盤川，他惟有以賣字過活，

3　此文塔在清代傳因酷肖吸食鴉片的煙槍，風水不利子孫而遭拆毀。

其間幸好遇上一名黃[4]姓富翁，因賞識鄧洪儀的才學，遂聘他到家裏作西賓，至此鄧洪儀方暫紓生活之困。

在黃府任教期間，由於鄧洪儀表現優秀，富翁大喜憐才之意，他為免鄧洪儀終日思鄉，怕總有日離職歸里，於是將一黃姓侍婢[5]許配給鄧洪儀，希望藉此留住人才，而黃氏未幾即誕下一子鄧鋗。

但好景不常，鄧洪儀數年後病逝江南，他臨終時留下遺言，希望黃氏帶其骨灰及鄧鋗回家鄉，好落葉歸根。黃氏為實現先夫願望，果然不怕艱辛，孤兒寡婦，千里迢迢的走到錦田，但由於經過太離奇，鄧洪儀元配張氏所生的三個兒子，初時都半信半疑，幸鄧洪儀生前已告知黃氏有關錦田的情況，並給了她一柄紙扇為憑，如此幾經對質，三兄弟方才相信黃氏所言屬實，決定讓鄧鋗認祖歸宗。

黃氏母子落籍錦田後，可憐鄧鋗不久便意外去世[6]，黃氏遽然喪子，當然極度傷心，如是者三兄弟為免黃氏睹物思人，便在1430年前後，在觀音山下起了一座「凌雲靜室」[7]，給黃氏靜度餘生，而鄧洪儀的長子鄧欽更極為孝義，他眼見庶母一脈已絕，恐她的晚年沒人照顧，境況堪憂，便把自己的二兒子鄧廣南過繼

4　一說陳姓。
5　一說為養女。
6　傳聞是給荔枝哽死。
7　即今天的凌雲寺。

香港名穴掌故鈎沉

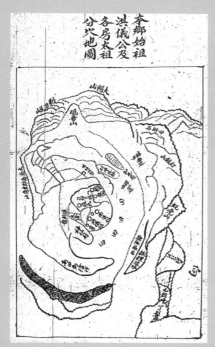

本鄉始祖洪儀公及各房太祖分穴地圖

▲【荷葉跋龜】穴圖

本鄉始祖洪儀公墓龍自大面嶺正頂抽脈迤迤而下左分一枝土名松山下條遞
夾轉前去結錦田村塲右分一枝從大癩撥巷元劏強龍掘斷過去譽起神仙府後
山以障右邊龍重重起殊為特達到頭過峽跌太陽高金以作主星
從金星透出水脈微茫難辨脈外復起太陰金星出一火嘴正竪穴腰俗眼見之莫
不驚怕不知三龍同出尊者居中且本主端嚴前面賁人特朝下砂重重關鎖明堂
寬廣水口稠密穴離隱怪正合水火既濟之格自葬公後脈孫廷楨則掘起葺茅登
科作宦丁財大旺實此地所鍾靈也祖穴正座金星貫頂左右皆子孫陪葬右
邊太陰金星大石之下乃南溪祖墓與正穴庚向分金之原大金星背後土名脅箕
窩四金元水格右穴一乃始祖張孺人墓右乃松月祖墓的穴也左手外金星之下
乃始祖黃孺人墓乾山巽向丙戌丙辰分金之原大金星背後土些乃銅祖墓乾
山巽向庚戌庚辰分金之原此山墳墓多可葴金亦龍神氣旺故也

▲《鄧氏族譜》中對【荷葉跋龜】的風水判語

▶ 凌雲寺內鄧洪儀和黃氏的神位

▲鄧洪儀元配張氏墓碑　　　　▲鄧洪儀副室黃氏墓碑　　　　▲鄧銷墓碑

▲位於屯門的鄧洪贄墓【浮雲湧日】

▲香港三大古剎之一的凌雲寺

給死去的鄧銷作嗣子，好承擔照顧黃氏的責任，此實深具乃父愛護弟兄家人的風範，值得世人稱讚。

錦田水頭村現有三座祠堂，其中「清樂鄧公祠」所紀念的鄧清樂，他的父親就是鄧欽，另一間「鎮鋭銷鄧公祠」則是紀念鄧欽的三個弟弟：鄧鎮、鄧鋭和鄧銷。

後記

今鄧洪儀和黃氏仍有神位奉於凌雲寺內。

【荷葉跋龜】現今的外貌是 1848 年重修過的，有傳點這穴的人是鄧符協，但時代相去太遠，不可信，也有言是厲伯詔點，更不可信！

在【荷葉跋龜】的左右，一共有五座古墳，葬的全都是鄧洪儀的後人，至於元配張氏、副室黃氏和鄧銷則分葬於【荷葉跋龜】的山背，土名筲箕窩。

在假日，那裏常見風水老師帶同學生來實習，皆因穴地是盡龍結穴，四周道路平坦容易到達，而附近又另有一名穴【鐵鑪墳】（按：本書將另章詳述），觀勘名穴極為方便之故。

鄧洪贄長大後並沒有留居錦田，而是隨堂兄弟鄧洪生、鄧洪惠搬到鄰近流浮山的厦村開基。他死後下葬屯門的【浮雲湧日】，又稱【雲地】。屯門民間有九大名穴之說，即「龍虎鳳雲旗，龜鹿鶴壽星」，其中的「雲」，指的就是【浮雲湧日】。

郡馬與皇姑——錦田【狐狸過水】配東莞【獅子滾毬】

　　數百年來，在東莞和錦田一帶有這樣的一個故事流傳。

　　在東莞石井獅子嶺上，有一座宏大的宋墓，內裏葬了一名公主，她在亂世中下嫁給救命恩人的兒子，彼此恩愛，但聽說丈夫到去世的一天，仍不知道她的真正身份……；【獅子滾毬】就是這穴地的風水名稱，而墓主的丈夫鄧惟汲就葬在百里之外的錦田【狐狸過水】。

　　【狐狸過水】在鄰近元朗的凹頭蠔殼山上，是稅院郡馬鄧惟汲的墓地，有這個名稱，是因為蠔殼山由三個山丘組成，形肖一隻伏地狐狸蠢蠢欲動要涉過眼前的錦田河。鄉人相傳，只要站在穴前遠眺，盡頭處就是皇姑墳，夫妻雖然兩地分隔，但仍能朝夕相對。

　　以墓為憑，有碑為證，這段皇室婚配，不是傳聞，一切還須由戰亂說起。

　　　梁紅玉擊鼓退金兵，吳玠、吳璘仙人關大敗金軍，岳飛智取朱仙鎮，虞允文采石磯大捷。

▲【狐狸過水】

▲【狐狸過水】碑文

▲【狐狸過水】墓誌銘

以上將領都是中華史上的抗金名將，保家為民，躬鞠盡瘁。在香港歷史上，原來都出過一位土產的抗金將領，他就是活在南宋初年的錦田鄧銑，而也是他締造了這段亂世姻緣。

鄧銑又名鄧元亮，乃是鄧符協的曾孫，若由鄧漢黻起計，是為鄧氏七世祖。話說 1127 年靖康之難發生，北宋政權結束，高宗即位南京，是為南宋，其時鄧銑任贛縣縣長[1]，他見金人勢大，便在轄地守城整軍，一心只候金兵殺到，縱然兵力懸殊，也要拼死一戰。果然在兩年後，金兵乘老將宗澤之死，軍心不穩之際，強勢渡江。如此金兵突然南下，宋守軍被殺個措手不及，眼見性命岌岌可危，一群大臣擁着高宗離開皇城，他們先避難杭州，再抵達明州[2]，倉皇地向東面逃命。

當時鄧銑兵守江西，每天都接下大量不利消息，這天探子回報，更令他緊張萬分。原來高宗在戰亂中與母親隆佑太后及潘妃失散，她倆為避金兵衝殺，竟與宮人向西南方走，反方向進入了江西境地。其時南宋因根基未穩，流寇處處，在毫無武裝力量保護下，皇室人員離開了皇城，隨時都有生命危險。鄧銑見形勢十萬火急，那敢怠慢，他反應奇速，連忙調兵進駐虔州[3]一帶，護駕太后貴妃，終保得眾女平安，事後高宗論功行賞，鄧銑亦因而獲授殊勳。

1　即今江西省贛州市部份地區。
2　即今日寧波。
3　即今日贛州市。

▲在【狐狸過水】正穴左邊的屏山鄧萬里和鄧善長墓，亦稱【狐狸過水】。

▲【獅子滾毬】

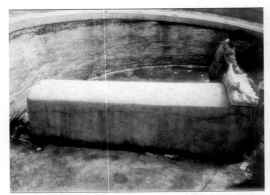

▲ 皇姑的墓塚　　　　　　　　　　　　　▲【獅子滾毬】碑文

　　這次勤王保駕，鄧銑以一區區地方小官獲皇帝嘉獎，可說是榮寵有加，他只道此乃人生最大的榮譽，可一不可再，誰知此後，他還有另一次帝裔奇逢，令錦田鄧族一躍而為天潢世胄。

　　鄧銑與皇族第二次結緣是在 1159 年之後，那時岳飛早被秦檜所害，宋室大將凋零，金人見機遂連番入侵，如此在兵荒馬亂之中，他救了一名少女回家。鄧銑初時收留她，只一心可憐稚女無依，好免其淪落街頭，誰知後來竟發覺此妹不單乖巧伶俐，而且兼通文墨，不覺大起憐惜之心，想到獨子鄧惟汲尚未成親，遂撮合二人，但事後卻怎也想不到，這位身份神秘、來歷不明的女孩，竟是他的「頂頭上司」——當朝孝宗皇帝的妹妹。

　　鄧惟汲和趙氏成婚後，二人長居東莞莫家洞，誕下四子二女，如此一直到鄧惟汲去世後多年，趙氏想到自己年事漸高，總不能讓後人一無所知，才叫長子鄧林上書宋光宗，陳述落難經過，認

回身份，而直到此刻，鄧家上下方知道老夫人乃是當朝皇帝趙惇的姑姑。

原來趙氏昔年因兵亂走失，在民間吃盡苦頭，變得事事都小心謹慎，平日只裝作個無親無故的孤女。及後她得鄧銑所救，九死一生掙回生命，更明白到平淡的可貴，故嫁給鄧惟汲後，也一直沒向老爺和丈夫說明底蘊，以至鄧惟汲直到去世之日，仍不知道自己曾當上駙馬。

鄧惟汲本名自明，約逝於南宋光宗即位前（1190 年），享年 63 歲[4]，他下葬的【狐狸過水】傳聞是南宋國師厲伯韶所點，格局雖小，但前臨錦田河，主速發富貴。據「重修八世祖自明公墓誌」所載，他死後被追封為「稅院郡馬」，他的四名兒子林、杞、槐、梓被則封為「國舍」，故有四國舍之譽。

皇姑自鄧惟汲去世後，活到 1245 年，享年 87 歲，厲伯韶就在離東莞縣城不太遠的石井獅子嶺，給她挑了格局較大又接近縣衙的【獅子滾毬】，而鄧氏子孫後來還在墓前豎了一對華表，好證明此穴地乃帝裔人家。

【獅子滾毬】又有稱【獅尾拖球】，有傳皇姑看過這穴地的風水圖後，曾問厲伯韶應該葬在獅子頭或是獅子尾，厲伯韶便答道，如在頭部建墓，主後人大貴，若建於尾部，後人雖亦發貴，

---

4 一說 65 歲。鄧惟汲的生卒年極為紊亂，有載他生於 1149 年，卒於 1174 年，死時 26 歲，這顯與事實不符，因死時公主只得 15 歲，沒可能給他生了四子二女，又據墓誌銘所記，他 63 歲方死，那生年當在高宗在位初年，而非末年。

◀ 皇姑墓 2014
年重修完山鄧
氏子孫到賀參
拜盛況

▲昔日田疇處處的皇姑墓四周已成高樓大廈

但只可做下級官吏。可能因自己是過來人，皇姑一心只想後人生活安穩，恐大富大貴會招來無妄之災，所以她毫不考慮地便選擇了在尾部建墓。

一直以來，鄧氏後人都稱呼趙氏為皇姑或姬，這中間是有段典故的，原來「皇姑」二字是光宗皇帝指定的，因為趙氏是他的姑媽，她在光宗在位時才上書陳情遭遇，所以皇帝就下御旨專稱她為皇姑，而也為此，村民又叫這座墓做「皇姑墳」。

【獅子滾毬】共有碑文四塊，正中是 1712 年康熙時再立，在 1988 年重修過的主碑，上寫「宋皇姑八世祖妣趙氏之墓」，而《宋皇姑趙氏之墓》及《鄧氏祖母宋皇姑趙氏墓誌銘》二碑則置於墓的左右側。

除了以上三者，墓的左前方另有一碑頗為獨特，那就是立於 1625 年的「嚴禁盜葬碑」。

話說【獅子滾毬】位處的獅子嶺，整座山都是光宗賜給皇姑的稅山，故一直以來都由東莞的鄧氏子孫管理，但不知何故，在康熙二十五年（1686 年），突有蕭序公、周奕和、夏侯子太三人在山上私自建墳，破壞該地風水，因此惹來鄧族不滿，狀告東莞縣衙，結果以三者他遷作結，而為了一正眾人視聽，鄧族後人便豎碑警告村人不可妄打稅山主意，否則送官法辦。

皇姑和郡馬的墓穴雖然相去百里，但他們的神位就一起被供奉在多間鄧族祠堂之內，其中粉嶺龍躍頭的「松嶺鄧公祠」，由

於是長子鄧林後人所建，那裏的皇姑神位更雕有一個龍頭，以示尊貴。

相傳光宗的傅青貴妃，當知悉皇姑尚在人間，即贈送了皇姑十幅繪有花鳥蝴蝶的畫帖作賀禮，稱為「皇姑十帖」，據聞到今尚存，成為鄧氏世代的家傳之寶。不過，縱然那些古畫真跡價值連城，但要數家傳寶貝，鄧氏族人都心裏有數，那一切又怎及祖先遺下的一坏黃土——丫髻山右麓上的一座古墳，它的名字叫【玉女拜堂】。

後記

由於【獅子滾毯】是國師所點，名氣太大，歷代不少地師都慕名而往，實地勘習。相傳在明朝時，有一蘇姓地師不知天高地厚，認為當年厲伯韶所立的碑向有誤，是發遠不發近，便游說鄧氏後人重拉碑線，改變立向，怎料移開石碑後，內裏暗藏一小碑，上面刻着百年後會有一姓蘇小子來擅改碑向，嚇得那蘇姓地師魂飛膽喪，再也不敢在國師「作品」面前指手畫腳，是以該墓在今日仍能保持原來的坤申向。

不過從這則傳聞可知，【獅子滾毯】可能真的存有瑕疵，否則也不會有《錦田鄧氏師儉堂家譜》內評「皇姑墳」：「所嫌前山高壓，不甚光彩」的判語；但這也許是當年公主揀在獅尾建穴而導致，非關厲伯韶的功力問題。

南方都市報 A26　东莞新闻　编辑 姜阳云春 版式 高静 校对 邹宁 2005年4月21日 星期四

重点FOCUS

高楼大厦"围剿"皇姑墓?

不断增多的建筑使市重点文物皇姑墓日显突兀，专家建议给文物腾出一定的缓冲带

■核心提示

宋皇姑赵玉女墓是东莞市重点文物保护单位、是东莞现存为数不多的宋朝遗迹之一。近日，有多位市民向本报反映、皇姑墓前面的一个工地正在进行建设，对皇姑墓的保护构成了威胁。如何对其进行合理保护、也就成了市民关心的一个问题。为此，记者进行了现场探访，并采访了相关人士。

皇姑墓与周边环境不太协调，专家建议在建筑与皇姑墓之间设置缓冲带　本报记者 冯宙峰 摄

据传皇姑为千角灯之母

制图/张伟雄

链接相关建筑之间应设缓冲带

▶ 昔年皇姑墓環境遭破壞新聞

皇姑墓与周边环境不协调

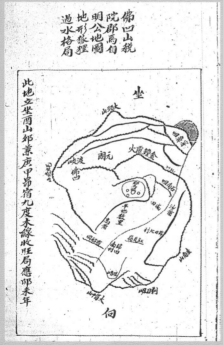

▲【狐狸過水】穴圖

▲【獅子滾毬】穴圖

◀ 皇姑墓曾遭人
破壞碑文敲詐

《東莞縣志》中有
關皇姑墓的記載 ▶

◀ 東莞寶山鄧元亮
墓【漁翁撒網】

香港名穴掌故鈎沉

歷史上對厲伯韶的記載不多，只知他是江西寧都人，卻成名於福建。他的生卒年不詳，照理應是南宋人，但亦有云是活於五代，更是五代名風水師黃妙應的徒孫，真是讓人困擾！宋劉克莊《后村大全集》記有：「莆人重黃涅槃（黃妙應）、厲伯韶兩墓師如神……。」明陳弟《世善堂書目》卷下也有載：「厲伯韶《地理鉤玄博山經抄》二卷。」從兩篇記載可知，厲伯韶的名氣雖不及賴文俊、廖金晴等，但也是一時非常有名的風水師，否則也不能成為國師了。

有言皇姑趙氏實乃高宗從女，故僅稱宗姬，而非公主，故鄧惟汲亦僅授郡馬一銜。由於鄧惟汲被封為「稅院郡馬」，錦田有一對名聯「南陽世澤，稅院家聲」，就是引用這件歷史典故而來。

【狐狸過水】跟【仙人大座】在明朝時也遇上相同厄運，一度長期失祭，差點兒便消失人間，不過【狐狸過水】的遭遇卻更為曲折，因為該穴地有言曾一度給屏山鄧氏據為己有，以改葬鄧元亮的侄兒鄧萬里[5]，但最終為錦田鄧氏察覺，而兩族雖同一祖先，彼此在這個被指為大旺丁財的名穴主權上卻絲毫不讓，甚至險起衝突，及後因錦田鄧氏在墓地泥土中找回部份殘碑，上面留有「郡馬」二字的「阝」和「灬」的筆畫，如此有證有據，才掙回祖穴；至於鄧萬里的骸骨則只好起出，移放到【狐狸過水】正

5　鄧萬里是鄧元亮的哥哥鄧元禎獨子，鄧元禎和鄧萬里在南宋年間遷居屏山，前者被視為屏山鄧族的開基祖。

穴的左邊，但其風水取名也一樣叫【狐狸過水】。（按：《錦田鄧氏師儉堂家譜》的〈郡馬祖墳紀變〉一條對此有詳細記載，本文主要引用此篇內容而成。）

稅院郡馬的父親鄧銑（鄧元亮）死後葬於東莞寶鴨山，俗稱寶山，土名「豬闇湖坊」，穴名【漁翁撒網】，亦為東莞名穴。

自 1980 年代大陸開放後，每年農曆九月，皇姑的後人都會組團回東莞拜祭太婆和鄧銑等先人；而自 1989 年始，皇姑墓[6] 也成為東莞市的重點文物保護單位，但遺憾的是，這個市級保護單位竟在 2010 年左右，傳因當地的流氓勒索鄧氏不遂而遭破壞——本置於墓手左右的《宋皇姑趙氏之墓》及《鄧氏祖母宋皇姑趙氏墓誌銘》均被人用鈍器擊碎，如此無法無天，實在叫人非常氣惱[7]！如今在皇姑墓見到的碑文，乃是皇姑子孫在 2014 年重修墓地時新造的。

附記
《嚴禁盜葬碑》全文

廣州府東莞縣正堂馬。為乞示：嚴禁盜葬勒石以安祖塋事。據鄧觀思等呈前事等：□等有八世祖姑宋皇姬趙氏之墓，

6　當地政府稱「宋皇姑趙玉女墓」。
7　在大陸封關年代，皇姑墓曾遭當地村民用作牛欄，後得新界鄧氏元亮祖的後人多番奔波，千里交涉營救，方獲還原，但已破壞甚大，名穴真可謂多災多難！此墓在2014 年重修成現貌，但四周環境已起巨變，盡為高樓大廈圍繞，殊屬可惜。

葬於稅山土名石井獅子嶺，數百餘年無異，突有蕭序公、周奕和、夏侯子太等騎龍盜葬，已經具控；蕭序公知非，先已遷葬；周奕和、夏侯子太蒙台拘審，公斷勒令移葬；今本月十五日，奕和、俱已遵斷遷墳，數百年祖墓，賴台重安，覲等子姓數千盡皆唧恩，頂戴高厚。但覲等住居窵遠，恐有奸黨延謀先祖稅山吉地，於祖墳前後左右仍行盜葬；且粵俗奸巧異常，每有偷葬地內不設葬形，越多年後，方始修墳祭祀。覲等不得不為遠慮，叩乞准示，嚴禁或有盜葬，不論石井本家，以及異姓并遠居人等，但有查出盜葬墳穴，不拘年月久近，即行鳴官究治起墳。如近居石井村，倘有本家不肖子孫盜買移葬，一併依律治罪，俾覲勒石永垂，庶祖塋獲安等情到縣。據此，當批准給示禁在案，合行出示嚴禁，為此示諭，遠近居民人等知悉，鄧覲思等石井獅子嶺祖墳稅山前後左右，毋得擅行盜葬，至於鄧姓族內子孫、及異姓人等，如有盜賣盜買等弊，許該族家人等具控本縣，以憑立拿究治如律，決不輕貸，毋違，特示。

康熙二十五年五月十七日示。

發仰原呈鄧覲思等勒石曉諭。

感念祖恩，
廖氏子孫大陣仗巡遊拜【鰲地】

　　鄉間殯葬，多為土葬，但有分一次葬和二次葬兩種，用棺木盛載遺體下葬，永世不移就是一次葬，若下葬一段日子後，起墳撿骨，將骨殖納入陶甕中（金塔），再另尋山地安葬，就如鄧符協攜祖先骸骨來港一樣，就是二次葬。兩者做法各異，但墳墓內都是盛有先人軀體，其理皆一，不過有一類罕見的葬法，埋的只是先人衣冠鞋襪，不見遺體，這種墓葬叫「衣冠塚」，如上水廖氏的開基名穴【鰲地】就是一座衣冠塚。

　　廖氏是新界六大家族之一[1]，約在元代末期 1350 年前後，其開基祖廖仲傑由福建汀州南來，他初時居於屯門，之後搬到深圳福田，最後才落籍上水雙魚河境內，如此過了七八代後，其子孫才在今上水的圍內村落腳。

　　「鰲」即「鼇」，乃是海中大龜，由於【鰲地】是由一大一小的山丘相連而成，狀似龜身和龜頭，故名，土人又俗之為「將軍帽」。這穴地位於金錢村後的一個小山丘，土名天罡莆，而墓就建在頭上。從墓地外望，直看便是元朗大平原，因為附近山多

1　六大家族即鄧、文、彭、侯、廖和陶（屯門）。六者皆為今新界原居民中歷史悠久、人口最眾、村莊最多、衣冠文物最盛者。

► 【鰲地】

► 【鰲地】前景

► 【鰲地】八角龜的墓塚

水少，所謂「山管人丁水管財」，是以穴地主發人丁，而墓塚作八角立體拱頂式設計，是採「萬年龜」狀，含長壽之意。

一直以來【鰲地】都藏有一個秘密，鮮為外人知曉，那就是墓裏埋的並非廖仲傑的真身，而是他的衣服遺物，因為他晚年時已回去福建終老，但卻一去無蹤，杳無音信，結果他留港的一班子孫為了方便拜祭，就建了【鰲地】衣冠塚來紀念他。不少風水師嘗言，衣冠塚雖然沒有先人軀體在內，但因他的衣服毛髮平日吸取了生人的氣息，如葬到龍穴中，一樣能產生感應，蔭庇後人。

【鰲地】最初本是個小小的山墳，後來在明代重修擴建，左右各增一穴成三墓相連，規模才變得宏大。那增加的是廖氏長房七世祖和三房八世祖的墓地，因他們的子孫捐資重修祖墳，於是便得以陪葬太公。

自鳳溪學校在 1932 年成立至今，每年農曆九月初九，廖族父老便會聯同學校師生，浩浩蕩蕩列隊遊行去拜祭，他們會先在上水鄉內繞行一周，再乘旅遊車到金錢掃墓。昔日，當祭祖過後，掃墓隊伍會在穴前空地「打盆」食山頭，但自從墓地附近的田野陸續消失，食山頭已改到鳳溪中學草坪，單就 1998 年拜太公為例，廖氏便開了八人席二百多圍（一席一盆），費用達二十餘萬，成為上水鄉一年一度的傳統盛事。

在【鰲地】以外，廖氏還有多座名穴分佈在上水和粉嶺一帶，例如和合石的【虎地】、蕉徑的【猛虎跳牆】、新屋嶺附近的【雙

感念祖恩，廖氏子孫大陣仗巡遊拜【鰲地】

▶ 側看【鰲地】
三穴相連

▲【鰲地】碑文

▲鳳溪學生重陽正日祭【鰲地】

◀【鰲地】坐落的
山丘名天罡莆，
形肖一頂將軍帽
或大龜。

109

▲廖氏三世祖如璧墓【側面虎】（三房）

▲上水廖氏拜祭【鰲地】的報章新聞

◀上水廖氏三世祖如圭和六世祖安靜合葬【鯉魚地】（長房）

▶上水廖氏四世祖應鳳墓【猛虎跳牆】

香港名穴掌故鈎沉

▲上水廖氏三世祖如璋墓【壽星公】（二房）　　▲上水廖氏八世祖斗山墓【仙人大座】，
又名「九代不扶犁」。

魚地】、上水莆仔嶺的【壽星公】、大石磨下的【仙人大座】和
在九龍坑大埔環迴公路旁的【側面虎】等，當中的【虎地】更被
稱為出天才神童的名穴，兼且有碑為記（將另有章節詳述）。

後記

　　上水廖氏在 2006 年打太平清醮，男丁已超過二千四百多人，
而據舊記錄，在 1930 年代，上水廖氏有村民生了九子二女，
1960 年代亦有一戶生八子一女，是名副其實的多仔公，也顯出廖
氏人口興盛，應驗了古墓風水的奇異。

　　廖氏族人雖多，但十分團結，更重視對下一代的教育，鳳溪
中小學即為廖族所創辦，除了教育廖姓子弟之外，亦收他姓學
生，港姐鄭文雅、神探王永基都是鳳溪中學的畢業生。

香港史僅有記載的廖氏
〔天才神童穴〕

公元 1793 年，時為乾隆五十八年，在新界上水某村出了一段新聞，若當時已有報紙的話，其起題或會是：「小甘羅轉世上水鄉，敏神童才思驚知縣」。

「『本報專訊』上水鄉昨日發現一名天才神童，年齡雖然只得七歲，但居然能詩作對，令專程由縣城來訪的孫樹新知縣大人嘖嘖稱奇，並馬上收入門牆。該名神童名叫廖有執，是上水廖族的後人，據其舅父說，廖有執平日已顯露不凡的才能，較早前他出了一闋上聯：『手執黃鱔尾。』他隨即對成：『腳踏烏龜頭。』及後，他的一名族叔廖瑤過訪上水，因聽聞廖有執的聰明，便特地考他一考，出上聯：『上水孩童七歲。』廖有執也是不費吹灰之力對成：『北京天子萬年。』才驚四座，神童之名遠傳到省城，本縣孫樹新大人昨特地探訪廖家，更即席出對一試，上聯是：『綠竹伴紅蓮，君子喜臨君子宅。』廖有執從容應對：『青松棲白鶴，大夫常到大夫家。』 寓意相關，對偶工整，真不愧為神童，而有未經證實消息，廖有執之如此聰敏，除卻家學淵源，原來是得力於一神童名穴蔭庇，是否屬實有待進一步的查證……。」

上述新聞稿當然是作者虛構，但所說內容卻全是事實。廖有

▲【虎地】

▲【虎地】碑文

▲ 側看【虎地】，除了主碑，兩邊陪祖的碑文已然不清。圖右的碑文就是此穴地的風水判語碑。

► 寫有【虎地】能蔭生神童的風水判語碑

113

執（1786-1807 年）是乾隆至嘉慶年間上水區內有名的神童，他17 歲考取縣學得第五名（一說得第二名），21 歲即以第六十一名考獲舉人，當年的恭賀牌扁今天還掛在廖萬石堂和應龍廖公家塾內，如此少年早發，不少廖氏鄉親都認為那是第二世祖廖自玉下葬【虎地】之功。

很多人一聽【虎地】之名，很自然便聯想起百獸之王的老虎，而廖氏家族在每年秋祭時，亦必以鮮豬血一碗，血祭墓地下的一塊白虎石，以免「猛虎」傷人。然而有風水師相地後指出，【虎地】的「虎」應不是老虎，而是壁虎（簷蛇），因穴位的位置在山壁上凸出處，形肖壁虎黏伏牆壁，也因此有人稱之為【壁上掛銀燈】。

【虎地】是上水廖氏開基祖廖仲傑獨子廖自玉的墳塋，建於明初，位處和合石畫眉山山麓[1]，主發文人。由於山勢陡斜，風水師將墓地的子孫堂故意做大並築有三層大石級以配合山勢，好減低坡幅而避免犯「煞」[2]。

這個墓最大的特色，亦較為罕見的，是墓旁嵌有一塊清楚寫上【虎地】風水佈局和生效日期的碑誌，從文中可知，神童廖有執的成就，風水師似是早有預期。

該篇誌文寫於清嘉慶四年（1799 年），為王姓風水師在重修

1　今華明邨對上山頭。
2　亦有人說墓場如此建築，是使後人掃墓時，躬身踏上三層石級便如叩了三個頭，好表示恭敬。

▲每年農曆九月初十，鳳溪學生代表祭【虎地】。

▲【虎地】建於山勢陡峭的斜坡上，
所以梯級極高。

▲廖氏祭祖前會用鮮豬血祭白虎石，
此石又稱「虎爪鄰伯」。

觀榜貴人

◀ 風水古籍中有關「榜山」的描述

觀榜貴人者，土星之傍有木星也。
要榜高人低者是上格龍科第高
登翰林榮貴中格龍郡邑之官富
冠郡邑賤格龍僧道鎗流奴卒之
屬。

▼ 廖有執在廖應龍家塾（顯承堂）內的神位

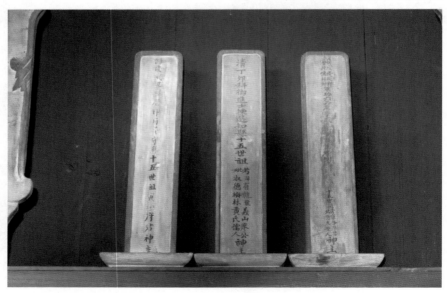

香港名穴掌故鈎沉

【虎地】和立向[3]後所作，他在文末判言：「一紀丁財進，採芹並食餼；二紀登鄉榜，馬犬兔金羊，斯時逢甲己，瓊林遙報喜，卯酉是科期。」一紀即十二年，他預言墓碑改向之後，二十四年內必有人中舉，若那年是馬（午）犬（戌）兔（卯）羊（未）而又遇上當年天干中是「甲」或「己」的話，機會就會大增，總之有「卯」「酉」的年份，就是發科的日子。

果然，廖有執就是在 1807 年，歲次丁卯中舉的，離立碑的日子相差八年，而他的兄長廖有容亦於 1839 年，己亥年獲舉歲貢，雖然已是立碑後四十年之事，但卻真的應了那個「己」字。

所謂良田萬頃，不及神童一人，上水一直流傳兩句鄉諺：「卯酉是科期，神童居榜尾」來讚揚【虎地】，但許多人卻不知道，這實是出自風水碑中的「天壘惜偏倚，縱有神童居榜尾」兩句。

「天壘」代表北方的星宿，原來【虎地】的左邊是一處叫蒲嶺的山崗，蒲嶺再過一點是一座叫蝴蝶山的小崗[4]，該處正是【虎地】的北邊。在風水理論中，蒲嶺的外形四方敦厚被叫作「掛榜山」，在這種榜山的最尾處如果再有座高大秀拔的山[5]，就代表龍穴能發出高中的文人。但可惜的是，由於在天壘位的蝴蝶山不夠高大，故【虎地】發不出年紀較長及具有大智慧的狀元，而只能生出有急才的神童。亦因如此，縱使科舉中式，只能屈居榜末，

---

3 有風水理論認為龍穴不同時間要和不同的碑向配合才能產生最佳效果。
4 土名叫青山，即蓬瀛仙館所在處，現為華明邨所擋。
5 不可高過榜山。

所以才有「神童居榜尾」之句。其實在元朝劉秉忠所著的《平砂玉尺經》中就有「坤母峰高起，幸題名於榜尾」二句，想是王氏以此借喻而來。

後記

廖有執在中舉的同年農曆十月病逝，可謂天妒英才，其神位供奉在廖萬石堂和應龍廖公家塾之內，但可惜的是，有傳其墓已失。另外，每年農曆九月初十，廖氏均會舉族前往【虎地】致祭，由於山坡空地有限，每次只可容約 50 鄉人及 50 師生代表拜祭，食山頭的習俗則也如【鰲地】般，改在鳳溪中學舉行。

附記

【虎地】風水碑

太祖德行，道藝世遠，年湮莫由聞知，即其植本樹基，詒謀燕翼，可想見矣。時嘉慶己未，蒙世叔鄧彥修舉引，為太祖修墓定針。余不敏，謬叨吹噓，是以登山放眼，垣局非常，審脈察龍，卓拔可愛，天演換骨，天馬傳胎，太微貫腦，鳳閣特起；天苑末關而照穴，榜山橫列；天輔以前朝，左右河洛；水纏而入局，正正堂堂，合成天地定位。吉卦奈前者，乾隆癸酉歲改丙山兼午，閱癸丑歲，又改午山兼丙，茲鑒前

修，通盤揆度，決定午山兼丙，碑坐張二，穴坐張四，形作太極，胸合元機，乃為盡善盡美矣，其振興也可立而待也。

判曰：一紀丁財進，採芹並食餼。二紀登鄉榜，馬犬兔金羊，斯時逢甲己，瓊林遙報喜，卯酉是科期，天壘惜偏倚，縱有神童居榜尾，千秋萬世休移易，江左真傳師費力。合訂同門兩鄧君芳名留誌於碑側。

雁田鄧彥修　（鄧）擷萬　仝誌

嘉慶四年冬季穀旦

寶安後學生王吉人頓首謹誌

文天祥香港族人葬祖【蝦公地】及【麒麟吐玉書】

在 1997 年 10 月 18 日的早上，屯門菠蘿山有一座大族古墳重修開光，數以百計的子孫參與了這場盛事。

雖然湖水綠的三合土地台、檸檬黃的護土牆及鮮紅的墳上雙環綴邊，都給人一種與四周自然環境格格不入的人工化感覺，但這一切都無礙族人的興奮心情，因為那是下葬新田文氏始祖文世歌的名穴【蝦公地】，其尊崇地位堪比鄧氏的【仙人大座】和廖氏的【鰲地】，如今功成完山，舉族自然同歡共慶！

文氏遷入新界至今已越五個世紀，若追查世系，文姓的始祖雖是周文王，但在五代十國時，有雁門「敬」氏一族因避後晉石敬瑭諱，亦改作文姓。這族人後來輾轉遷徙至江西，在 13 世紀竟出了一位中國史上無人不識的大人物——文天祥，而新界文氏家族就是他堂弟文天瑞的後人。

文氏族人在元末入住新界後，分成兩支，一支居於大埔泮涌，另一支就居於屯門老虎坑。在明永樂年間（1403-1425 年），文天瑞的七世孫文世歌因避兵役，他由屯門逃到新田立業，成為新田文氏的開基祖，死後就葬在【蝦公地】，祭期為每年的農曆九月十六。

▲【蝦公地】

▶【蝦公地】碑文

▲昔日新田文氏祭【蝦公地】。背景隱約可見山下仍是一片田疇。

該墓是本地常見的雙環墓式，外貌古樸端厚，由於墓主身有官銜，所以碑頂附有一粒叫「官星」的圓狀物，又稱作「官帽」。在明堂中央，有一小塊石頭凸出地面，頗為突兀，不知者以為是瑕疵，暗忖為何不叫工人鑿走？誰不知那是名穴才有的珍品——「跪拜墊」，因有「墊」即證明龍氣旺盛，當年造墓的風水師見多識廣，懂得保留此石，可見功力不凡！

【蝦公地】地如其名，是因為它的外形就如一隻伸出長鉗、俯伏在屯門灣畔的蝦公而來，至於穴位就是在蝦口處。屯門現今已成為新市鎮，明代的原始地貌再不復見，據聞【蝦公地】從前有兩大風水特色，一是穴前可望見屯門河，主發富；二是穴前連續有七座小山崗，稱「七星崗」，主發人丁。但可惜的是，這些景物在 1980 年代初已全遭破壞，因而大大削弱了【蝦公地】的力量。但話雖如此，新田文氏由明至清，人口繁衍，一共開村九條，包括：仁壽圍、蕃田村、永平村、安龍村、東鎮圍、新龍村、石湖圍、洲頭村和青龍村，村民多達數千人，不少更經商成富，這亦可說符合了祖穴的風水效應了！

回說那次修葺墓地，傳聞文氏族人刻意再塑【蝦公地】的風水佈局，希望以後天補先天的不足，能夠重振穴能。為此，他們不單在新鋪的水泥地塗上湖水綠色，還在穴前加建了一座半月形水池及護土牆，以期令「蝦公」展現生氣。不過有風水師卻認為，如果祖墳的效力仍在，後人實不宜胡亂改動穴場環境，因數百年

▲冒煙處為【蝦公地】，鄉民祭祖後燒炮仗慶祝。

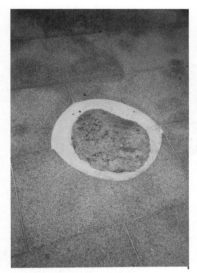

▲墓前的跪拜墊

▶當年報章有關重修
【蝦公地】惹來非
議的報道

港新聞（四）　民天日報

墳地屬權起紛爭
占官地　族人誓死護祖墳

新界原居民不時都會因為土地擁有權問題與
政府發生事拗，甚至出現對簿公堂情況。最近，
屯門區教育局就山墳地界權問
題而引致官民紛爭，涉及原居民乃新界五大族之
一文氏家族。〈追擊〉記者追訪當事人，披露箇
中內情。

▲文氏族人曾斥鉅資興地台造綠化工程，但因地段尊尊繞
園與問題未能展開。（王惠昌攝）

拉橫額護祖墳

新界五大家族之一的文氏家族修墓在屯門山頭上的祖墳後，文族與政府間就祖墳地界及是否佔用官地發生爭執。文族族人昨日在祖墳拉起橫額抗議，聲言地政總署若強行封地，他們便二十四小時駐守捍衛祖墳，事件經民政事務處調停後暫時平息。 26288 日

▶ 報章有關新田文氏
的護墓報道

▲ 【麒麟吐玉書】（攝於 1998 年）

▶ 【麒麟吐玉書】碑文

來，墓地都是給黃土青草覆蓋，如今卻成了寸草不生的水泥場，環境不變，其影響實未知如何！

然而吉凶禍福或許要假以時日知悉，一場官非卻隨着那次大手筆的重修，馬上降臨到【蝦公地】身上。事緣有人向地政署投訴，指文氏族人在未得許可下，侵佔官地，私自把原只約二百平方呎的祖墳，擴建成三萬多平方呎，其景觀令附近居民的情緒不安。但文氏族人卻辯稱，他們的祖墳已存在了五百多年，山上更有金文泰港督許下的十六塊「碑界石」為證[1]，所以整座山頭都是文氏的祖山，實無侵吞官地之事。如此各執一辭，擾攘經年，幸好最終都能以和為貴，雙方互有體諒讓步作結。

新田文氏除了屯門的【蝦公地】出名，在新田附近亦有一座更出名的名穴，那就是下葬文世歌次子文麟峰（文清玉）的【麒麟吐玉書】，此穴地常被風水師列作香港十大名穴之一。

【麒麟吐玉書】位處大嶺山底，該山高 222 公尺，雖不甚高，卻外形尖聳挺拔，頂部巨石嶙峋，肖若一頭麟甲滿身的獨角麒麟鎮守當地，故又稱麒麟山。由於穴前直望有兩座小丘橫亙，像英文字母「M」字，在風水理論稱為「攤書案」，如此整個山水形勢就一如麒麟看着前面攤開的經書，故名，而穴地有如此一個文雅名字，不用說也知道是主發文人的了。文氏族人常說，這穴地可和青山祖穴連成直線，由墓前遠眺，兒子即能望見父親，可以

1　今只找回四塊。

▲【麒麟吐玉書】新增的石筆

乳立

攤書案

諸水　諸水

名儒。　書常出　掌似攤

如筍峰如貴人頓
立端正不生龍虎
低遠開膈吐唇外
護整齊此立體也

▲風水古籍中對「攤書案」的描述

◀新界文氏家族是文天祥的族人

侍孝終身。每年的農曆九月十一，就是【麒麟吐玉書】的祭期。

這個穴三墓相連，中間是文麟峰墓，其碑刻有「太祖考鄉飲大賓麟峰府君文公之墓位」等字，碑末另刻有清進士鄧晃寫的墓銘。該穴雖曾於近代 1950 年重修，但仍保留以「人」字磚砌牆，這種砌磚法意思是祝福子孫生生不息，現在已極少人懂得。

在 1998 年 8 月，新田文氏族人繼【蝦公地】後，再集資百萬修葺【麒麟吐玉書】，那次他們除多建了一塊紀念碑，還故意在墓的兩旁豎起一對石筆，又在穴前空地築了一座成攤書狀的花圃。據負責設計的文石堂先生言，這樣做全是為了因應「吐玉書」之名而來，因為有筆又有書，才能使龍穴名實相符。

後記

文氏另有不少名穴，如深圳福永的【寒牛不出欄】[2]、新田的【飽虎掌豬】[3]、【倒地葫蘆】和【下山蛇】等。

文氏另有一支族人居大埔泰亨，是當年大埔泮涌的後人，人口越千，亦擁有不少名穴如【將軍下馬飲三杯】[4]、【白馬回頭望】[5]和【貓兒洗臉】等。

2　因開發工業區，現已不存。
3　意即吃飽了的老虎，還盯着面前的活豬，把牠置於自己的「掌」握之中，好待隨時吃掉，顯示此穴霸氣十足，據聞此穴地蔭發曾任新田鄉事委員會主席的文伙泰（1937-2014 年）。
4　又名【仙人大座】。
5　又名【白馬回首】。

八仙嶺下，【海螺吐肉】
蔭出外交部長？

歇後語「幡桿燈籠」照遠唔照近，相信不少人都聽過，而在風水學上，也有一種「幡桿燈籠」式的墓地，對後人是發遠唔發近，卻不知各位聽過未？

大埔八仙嶺山下有一個墓地，常常入選香港十大名穴，雖主發權貴，卻獨旺漂洋海外的子孫，結果被風水師判為發遠唔發近的典型，這個「咁夠照」的名穴就是【海螺吐肉】。

建於 1872 年的【海螺吐肉】，墓主是男子陳爵賢（1796-1871年）。他別字榮傑，號廷恩，享年 76 歲。陳爵賢生前頗有文名，具國學生銜，死時三代同堂，子孫當中更有不少是監生貢生，明顯是來自官宦世家，據說從前每逢清明重陽，陳家後人都會乘着轎子去拜祭他。

這個墓坐落在汀角路龍尾村旁的一個小山丘外，前面便是船灣，因為山丘的外形酷似一個螺殼，而墓就築在丘前一塊平地上，因地形恍如田螺伸出的螺肉，故名。

【海螺吐肉】比鄰龍尾村，該村雖是陳姓，但墓主一家跟村民並沒有直接關係，只是墓地四周的稻田皆為陳家擁有，故不少老村民都曾替其打工，彼此有賓主之誼。在上世紀四五十年代，

▲【海螺吐肉】（攝於 1997 年）

▲【海螺吐肉】（攝於 2008 年）

家住大陸的陳氏後人仍會每年入村收租，他們以實物作租金，年租一般收二三擔穀，如此直到 1960 年代，因香港農業式微，陳家便再沒有請人耕種，田地亦逐漸荒蕪，以致【海螺吐肉】幾被草海所掩蓋。

有言【海螺吐肉】是由一名江西風水先生扦定的[1]，它的落點就在八仙嶺其中最強的一條山脈之下，內含五大風水特色：

（1）穴位在八仙嶺山下，八個山峰被看成風水理論上的「紫羅大帳」，全力支持龍穴，是有力的靠山。

（2）面對船灣海和遠處的城門河出口，所謂「山管人丁水管財」，兩層水是代表發財六十年，加上靠山強勁，是發一百八十年的三元不敗局[2]。

（3）船灣海上的多個小島，被視為「官印」，主貴。

（4）穴位左邊的馬屎洲，島身長長像一頭伸出象拔的大象，右邊的鹽田仔就似一隻俯臥的獅子，風水理論稱為「獅象守門口」，是代表守着財富，不會左手來右手去。

（5）遠方看見馬鞍山，山形像一隻馬，古人叫作「天馬」。牠守着赤門海峽，是為「天馬守水口」，表示後人會離鄉別井，而因為「牠」的頭是向外，故此是一去不回頭。

綜合上述五點，特別是發貴和出國的風水元素，傳聞陳氏果

1　墓碑上本刻有他的姓名，但被惡意毀去。
2　一元代表六十年。

▲【海螺吐肉】在 1997 年前仍處身
　於一片荒棄田疇之中

▲【海螺吐肉】墓碑，留意風水先生
　的名字是遭人惡意毀去的。

▲面朝兩層海水，【海螺吐肉】納收三元不敗之局。

▲【海螺吐肉】採吐葬形式

▲ 近世【海螺吐肉】四周環貌頗多變化，墓前更多了三個方形水井，應為風水佈局。

▲ 在【海螺吐肉】後的小山，筆者在 2008 年發現一荒棄義塚，碑云「福緣古人之佳城」，1904 年立，藏約 500 副骨殖，當為汀角一帶鄉民。

▲「福緣古人之佳城」墓誌銘

▲義塚 2008 年外貌

然有家人在中美洲的百利茲[3]做了外交部長，雖然是小國寡民，但隻身異地卻能成一方面大員，實已是非同小可。

陳氏的子孫雖可能大部份已移民外地，但筆者在 1998 年清明後到訪該穴，發覺碑上文字仍作硃紅，應是不久前才被修葺，證明這穴未被荒棄，只可惜沒能夠和他的後人接觸，以獲取更多資料。[4]

後記

【海螺吐肉】是採用一種叫吐葬的方式來安葬先人，那是後半棺材外露前半埋入土中的置棺法，目的是配合風水格局，好廣收地靈之效。

另外，該墓在前方約一步之遙處掘有一連三個長方形的水井，各深約兩呎，互有水槽相通，以盛儲由明堂水口外流的雨水。這顯然是個風水設計，卻不知所為何事，三井相連，難道是跟延續「三元不敗」的氣運相關？

3　前英屬洪都拉斯。
4　今日墓前開有三個相連的水池，三者有小口相連，水滿相通，明顯作風水化煞之用，早年未見，應是近二十年才開鑿的。從中可見仍有後人往拜，且十分重視此穴地的風水。

九曲水出丞相。上水侯氏〔九曲入明堂〕曾出一品官？

　　唐朝風水大師卜應天的《雪心賦》有這幾句：「數峰插天外，積世公卿。九曲入明堂，當朝宰相。」所謂「九曲入明堂[1]」，是指一條河水，如果彎彎曲曲的朝向龍穴直流過去，那就可蔭發後人成一人之下、萬人之上的丞相。如此發貴的名穴，原來香港亦有一個。

　　在上水區一處叫莆仔嶺[2]的山崗，其山脊左右，各有一座名穴。右邊一處是上水廖氏三世祖廖如璋的墓地，喝名【壽星公】，此穴下開顯承堂和明德堂兩大祖堂，是上水廖氏人口最盛者；左邊則是一座三穴相連的大墓，那就是本文的主角——「九曲水」擺入「明堂」的河上鄉開基祖——「侯卓峰墓」。

　　侯氏是新界六大家族之一，其遷入時間僅次於錦田鄧氏。在 1085 年前，他們的遠祖侯五郎（1023-1085 年）便由番禺移居新界，在上水區生活，後約在明代初年，他的十一傳後人侯卓峰搬到河上鄉，被奉為河上鄉開基祖，死後安葬莆仔嶺，至今已歷五百餘年。

1　明堂原指一種禮制建築，其後風水理論採納了這名稱，專指陽宅門前或陰宅前方的範圍。
2　古稱松園或上水瀝。

▲【九曲入明堂】三穴相連，正中是侯卓峰墓。

▲【九曲入明堂】三塊碑文都風化嚴重，模糊不清。

▲ 梧桐河舊河道本直流向墓口，再在山腳下緩緩流向右方出羅湖入深圳河。

九曲水

九曲者屈曲之玄也亦名御街水
經云直號天心曲御
街此水極吉主大富貴卜氏云九曲
入明堂當朝宰相
一巖九還定是水流九曲

▲ 風水古籍中對九曲水的描述

「侯卓峰墓」的風水喝名是【仙人大座】，其最大的風水特色是穴前對着一條梧桐河，若從其墓首直望，即發覺河道雖九曲十三彎，左搖右擺，但最後竟在穴前如朝拜般，蜿蜒而來，再在穴底拐而向北，緩緩流向深圳[3]。

這種地理面貌，正是卜應天所言的九曲水入明堂，理當蔭出丞相或封疆大吏，但侯氏家族是否真的出過一品大員呢？答案當然是否了！筆者曾翻遍文獻族譜，發覺侯氏在歷史上雖不乏具功名者，但可惜從未出過高官，更遑論是當朝宰相。這究竟是風水書失靈，抑或點穴的風水師不靈呢？其實兩者皆不是，玄機就在名穴的格局規模上。

原來要發當朝宰相，「九曲入明堂」是有其先決條件的，就是必須為大山大川——水要壯大波瀾，山要高聳雄渾，如今莆仔嶺只得百多米高，梧桐河又只是潺潺流水，故其力量實不足發大貴人。

不過，「侯卓峰墓」四周環境優美，山巒蒼翠，前面又是河上鄉廣大的平原，加上有條象徵綿綿財富的「小」九曲水流經，主發文人和富貴，算起來也是一處不可多得的風水龍穴了。

侯卓峰本名憲德，字壬祐，卓峰是他的別號。他一生娶妻三人，共生六子，其後子孫昌盛，人口到了清乾隆末年，已分佈到

3　該段河道因 2000 年左右的修掘改道，今已面目全非。

◀ 河上鄉居石侯公祠
內奉有新界始祖侯
五郎和河上鄉開基
祖侯卓峰的神位

▶ 侯氏不少先人墓地都
立有山界石保護，此
為其一，位置在河上
鄉。

▼ 遠眺莆仔嶺侯卓峰墓，可清楚整個山坡被山界石包圍。

金錢、燕崗和鳳崗一帶[4]。每年農曆九月初八是侯卓峰墓祭期，這一天侯氏族人由族長帶領，凡 61 歲以上的長者都獲派藍色長衫一襲拜祭，禮成後小孩可得利是一封，長者則可領取燒肉，跟着便是八人一盤的席地「吃山頭」午膳，一切做妥方才離去。

後記

昔日「打壙尖」嚴重，為了防範他姓人士偷葬祖山，破壞風水，侯氏在莆仔嶺祖墓四周，由山腳到山頂圍豎了三十多枝碑界石，上刻「侯卓峰祖山界」六字，畫好地界，禁止別人入內擅葬；同樣地，另一邊山的廖氏【壽星公】亦是豎滿了碑界石，以防別人破壞墓地。筆者眼見不少名穴地，今日慘成亂葬崗，但每次登臨二墓，均覺山體完整，逾數百年而不墮其範，實不得不佩服其後人的先見之明。

據侯氏的族譜所載，侯五郎死後本先葬在莆仔嶺，誰知族人在重修「侯卓峰墓」時，竟誤將他的骨殖葬在侯卓峰穴的右邊，並改名為儷佑，如此大太公反而給孫子陪葬一事，曾引起部份族人不滿，但因事實既成，只得無奈接受。

今見墓地的三塊碑文均風化嚴重，只中間的侯卓峰墓隱約可見「卓峰侯公之墓」及「乾隆五十四年（1784 年）重修」句。

4　侯氏另有一支於清初在丙崗開村，同祖但非侯卓峰一系。

昭遠墳場「何家祖墓」
獨旺何鴻燊稱雄澳門底蘊

　　香港史上曾出現過幾個「賭王」，如早期的傅德蔭和近代的何鴻燊。

　　要成為賭王，有膽有識是基本條件，但最重要的還是有「運」。在江湖行走，無如刀口舐血，生死一線而能逢凶化吉講的就是「運」。賭王何鴻燊稱雄濠江近半世紀，傳聞就是因為他生於 1921 年，那年是農曆辛酉年，其剛好與香港摩星嶺「何家祖墓」的立向坐庚（東）向甲（西）兼酉卯中的「酉」字相合，是「八字」與墓向相符，故深得名穴暗蔭，事事助他履險如夷，才成就出這位何家第四代的巨富。

　　「何家祖墓」位於昭遠墳場，它位處薄扶林道的摩星嶺山腰處，面朝扯旗山，是一塊佔據大半個山頭的墳場。雖說有人查地契，得悉該處規定是供香港歐亞混血兒安葬的公眾墳場，非何家墓園，但只要進內一看，便會知曉葬的多是何家或其親屬友好。這中間文章不言而喻，否則以前也不會有人稱之為「何東山」，而墳場正穴安葬的先人，就是何鴻燊的曾祖父何仕文及其妻施氏。

　　這座「財主佬」墓的風水非比尋常，點葬之日，已被判言出

▲摩星嶺下的昭遠墳場，圖左即為正穴——何東祖墳。

▶ 遠看何東祖墓

▲ 何東祖墓只下葬其母施氏，其父何仕文並不在內。

▲何東祖墓正向

▲何東祖墓碑文

一大富、一大貴，乃是何鴻燊的二伯公何東在 1897 年以 6,000 両兩白銀聘風水先生尋來。

這名穴的由來，還需由何東的弟弟何棠（何甘棠）說起。

話說英國人何仕文和妻子施氏生有五子四女，何東排行第二是長子，何棠是五子。何棠一生有三好，一是美色[1]，二是古董，三是堪輿青囊之術，而正因為他懂風水，不少親友過世，都請他扦墳定穴，使他隱然成為何家的風水顧問。由於他極愛與風水師傅為伍，在朋友介紹下，他結識了一位潮洲籍的風水師陳朝羲。

這位陳朝羲可不是等閒之輩，他平日雖是中環威靈頓街和德忌笠街交界處一間當舖的朝奉，但他身懷絕學，其真正身份乃是江西三合派的風水傳人，在友儕間向有「小賴布衣」的稱譽。何棠醉心風水術，乍遇高手，簡直如魚得水，二人很快就變成莫逆，還經常四出尋找名穴。

19 世紀末的香港島不若現在，四環九約，過了西環便是一片荒蕪，像今日的士美菲路對上便全是山墳[2]。如此偏僻，自是閒人絕跡，但對熱愛風水的何棠和陳朝羲來說，那裏無疑是一處大顯身手的好地方，結果他們在西高山腳下的摩星嶺發現了一處【迴龍顧祖】穴地，其位置就是昭遠墳場的正穴所在。

何謂【迴龍顧祖】？風水理論對一條龍脈的發源地通稱為

1　娶有三十多名妻妾，甘棠第原主人。
2　今消防宿舍背後還存有一座「白骨塚」。

143

某氏年高八旬為我國聲譽最著者常以和平為前題一唱百和舉國稱頌此墓即其忱可為吾國模範此墓即其生母也按碑係光緒二十三年所建實則一運所用庚山甲向向首坎民海水合聚年停蓄屈折出坎民海水汪洋樂而不散本身嫩胍透現三運得利財局丁口乗旺水主財祿山管人丁觀此益明矣

香港葉大 老祖塋

▲ 民初風水名家談養吾在 1923 年考察昭遠墳場何東祖墓後所下判語

此山塲週圍丁方六英畝之地乃蒙督憲羅制軍于壹千捌百九十七年批准於與我昭遠山堂為安塟先人之用經已立石界外人不得侵塟此地倘有胆敢孔塟及侵佔此界内之地一經知覺定即稟官究治決不徇情特此謹白

　　　昭遠山堂啟

◀ 立於昭遠墳場大門的告示碑

▶ 早夭的何世勤墓

「太祖山」[3]，如香港島的「太祖山」就是扯旗山，而「太祖山」向下延伸，發展開來便成了「少祖山」，跟着再成「父母山」，最後結穴所在的小山就叫「子孫山」[4]。一般情況下，「子孫山」的結穴位都是面向外而背靠祖山的，但亦有例外，若結穴的地方是成一個迴勢，翻過來面向「太祖山」，情況就如子孫回望祖父母，那這個風水地或格局就叫【迴龍顧祖】，又或【倒騎龍】，而舉凡這類名穴都是主速發巨富。

除此之外，「何東祖墓」傳聞還有以下三大風水特色：

（1）西高山頭尖身闊，岩石外露，主發猛將。（2）摩星嶺頭圓身闊，風水理論為「大武曲金星」[5]，亦主發武將。（3）摩星嶺向海一方有無數島嶼羅列，主蔭後人長壽。一處山地能同時擁有財貴壽三大好處，難怪生性慳儉的何東也願以千金購下了。

「何東祖墓」其實是一座半衣冠塚，何得此言？原來何東購下此山頭，目的主要是安葬其生母施娣，她在 1896 年去世，終年 55 歲，但當時其父何仕文早在英國逝世[6]，下葬在鄰近車路士的布朗普頓墳場（Brompton Cemetery）[7]，由於何仕文離港後另有住家，何東並沒有運回他的骨殖與生母合葬，故墓碑雖寫上「皇清誥封通奉大夫顯考仕文何府君」及「誥封二品夫人顯妣施

3　即附近最高的山。
4　亦稱為「穴星」。
5　「星」即山。
6　他在 1892 年 11 月 10 日於倫敦逝世。
7　此條資料本書 2001 年初版引用有誤，今新版以梁雄姬女士著的《中西融和羅何錦姿》（2013 年）所言更正。

氏太夫人」合墓，但其實何仕文是只具「衣冠」而無遺體，其碑曰「合墓」，也許是為了一償生母的遺願。

該墓作傳統中式設計，用料精良，極為講究，但並不算很巨大。它建在一石台上，墓作三環，居高臨下，氣派非凡，一望而知是大戶人家。在墓前，何東除了安放兩對石獅守護父母，還豎了一對香港罕見的名望柱[8]，上刻有「賞戴花翎侯選道何啟東」（何東）句，應是他為父親向清廷捐來一個二品官後所獲授的。由於古制只有侯王之墓才可豎直望的獅子，所以柱頂的獅子是側望的。

由何仕文起計，何家子孫為高官學者或經商致富的大不乏人，當中更有一文一武兩位出類拔萃的風雲人物，暗合陳朝義當年判語，他們就是賭王何鴻燊和他的堂伯父何世禮將軍。

何鴻燊（1921-2020 年）是何仕文次子何福的孫，他曾是澳門首富和香港十大富豪之一，由昔年父親破產不名一文到坐擁億萬身家，由做船運貿易到智勝傅老榕、高可寧奪下濠江賭權，成為新一代的賭王，他的遭遇往往透着頗玄的傳奇經歷，似一生都像受到祖穴的眷顧。

何世禮將軍（1906-1998 年）[9] 是何東的兒子，18 歲開始戎馬生涯，曾在張學良軍隊裏當炮兵，其後往美國維珍尼亞參謀軍校

8　粉嶺【玄武踏龜蛇】和丫髻山也有。
9　何世禮將軍死後同樣葬在「昭遠墳場」。

▲何東

▲何棠

▲何世禮墓在墳場內的最東邊

▲在何世禮將軍墓前除了立有墓銘,還有一穴「忠犬之墓」(圖右下)。

讀書，中日戰爭時任第四戰區後勤工作。日本投降後，他曾任葫蘆島司令，當兵三十八年，官至上將，最多帶兵七萬，中國十八省，他走了十七個，以一個香港人來說，可算是史無前例的經歷了。

除了何鴻燊和何世禮二人，何家子孫的名人還有曾任工商司的何鴻鸞、《工商日報》社長何鴻毅、商業電台創辦人何佐芝和世界腦科權威何鴻超等，他們都可說是在「何東祖墓」的蔭庇下名成利就。

不過，「何東祖墓」的風水並非全無瑕疵的，在以上一批何家第四代人物發跡之前，這穴地就盛傳遭外來的影響而惹來憾事。

話說該墓建成後翌年，何東年僅三歲的大兒子何世勤竟夭折（1898-1900年），為此他大為緊張，深恐是祖墓風水有未發現的漏洞而招來凶劫，於是便再找陳朝羲來看個究竟。其實，早在點下這個穴時，陳朝羲已先發覺墳左的山勢較弱，便刻意起了一間石屋，意即為穴地建一倉庫儲財，好以後天補先天之不足，誰知千算萬算，到頭來仍出意外。

如是者陳朝羲登上墳頭探究，起初不得要領，待得天色漸暗，他才發現西高山下的一幢三層高洋房，也許戶主認為門口對着墓地不利，便在屋前掛了一對紅燈籠「擋煞」，遠看就像一對紅色的老虎眼盯着「何東祖墓」的右方，造成「形傷」，這點他在大

▲ 昔年為補救風水而建的大屋

▲ 福慧園

白天還未察覺到，直到屋主一點燈，方才明白問題所在，遂出手補救，馬上吩咐工人在墓的右邊種了一棵木棉樹，好遮擋紅光，自此不幸的事便再沒有發生，而百年後的今天，那木棉樹仍然健在，只不過洋房已改建成「福慧園」了。

後記

　　何鴻燊靠賭起家，算是吃偏門飯，有傳亦是因為這個祖穴的影響。原因是陳朝羲為「何東祖墓」定碑向時，本着秘法，故意弄歪了一二度，再加上摩星嶺背後的維港海水是打斜流入，如此「歪穴」配上「斜水」，便生出個食偏門飯的人來。

　　昭遠墳場內擁有墳墓近百，各據不同的時辰八字，依不同方位下葬。在墳地的右邊（向薄扶林方向），則是教徒葬區，在葡

▲ 在墳場較高處可見天橋反弓對着墓園

◀ 何鴻燊

萄牙汽車失事喪生的何鴻燊長子及其妻子即葬於此。

何東因元配麥秀英是基督徒，臨終前特意受洗，好陪伴妻子下葬跑馬地政府墳場。二人墳前另有一墓，安葬了一名服侍麥秀英四十多年的女傭區成璋，麥女士念舊之情令人好生敬重。有言由於何東夫婦沒有安葬到「昭遠墳場」，因而影響後人逐漸淡出香港。

多年前西隧在昭遠墳場前建有一天橋，形似「反弓」[10]，風水理論是解作反叛作對的意思。如此動土，有指已害及名穴風水，首當其衝自是對賭王事業不利，及後果然傳出賭王被一上海女子拖欠巨款，而他在澳門的賭場生意額，又受黑社會互鬥的影響而下降，真是一波未平一波又起，未知是否巧合！

▶ 何東及另一位妻子麥秀英的基地在跑馬地香港墳場內

---

10 即反轉的弓箭。

併入官地的【田螺帶子】和【黃龍出洞】

　　沙頭角路的皇后山軍營，從前是英軍啹喀兵團的駐地，戒備森嚴。九七前英軍撤退，英國國防部把它交回香港政府，臨時改為警察機動部隊野外巡邏隊總部，1997 年再改為警犬和反恐怖活動的重點搜查組（FSD）訓練營。大門設有哨站，二十四小時有警員站崗，若非軍警人員，閒人免進，但卻有例外，就是讓附近鄉民入內拜山，特別是每年的農曆九月初八。

　　這天是粉嶺彭族一年一度的秋祭日子，是日鄉親父老會依例，集體到營內參拜祖墓，故軍營一早便中門大開，好方便掃墓隊伍。

　　彭氏是新界六大家族中僅次鄧氏和侯氏到港的一支，他們的開基祖彭桂[1] 及兒子迪然[2] 約在 1190 年因家貧，便由東莞南下謀生。二人來港後，有傳最初是到裙帶路[3] 做漁工，但做了沒多久，不知何因，他們便轉去了「雙魚洞」生活。

　　「雙魚洞」即今日上水和粉嶺一帶，在那裏他們幸運地在鴉鵲壆[4] 找到大片荒地，為免再寄人籬下，父子二人便決定自食其

1　字秀華。
2　字法廣。
3　即香港島。
4　今粉嶺區

152

▲【田螺帶子】坐落在 2 號營房之下

▲【田螺帶子】碑文

▲【田螺帶子】前臨軍地河，坐落軍營的北端邊緣。

▶ 皇后山軍營彭氏
   來龍石，上刻「彭
   山」二字。

153

力，開墾農田，並在附近的龍山⁵建屋長居。但就在二人生活漸趨安穩之際，約在 1220 年前後，傳聞突有東莞某大姓人氏回流，有言這班人初時與彭桂為鄰，未露野心，誰知他們一旦摸清形勢，便恃着人多勢眾，鵲巢鳩佔，迫走彭桂一家。

可憐彭桂父子勢單力弱，無力抗衡，只得又再搬遷，但他們那次沒有搬得很遠，只是到了今日粉嶺樓村的位置住下，如此十年生聚，十年教訓，也慶幸二人子孫的堅毅不拔，此後一二百年，彭氏人口漸增，已無懼外人欺凌了；而在 1573 年至 1620 年間，部份族人更分遷至粉壁嶺，建立了新界數一數二的大村——粉嶺圍。

彭桂父子死後，合葬在土名田壟背的【蛇形右耳穴】，其地即今皇后山軍營 2 號營房山腳。這座墓又名【田螺帶子】，其背靠龍山，面向軍地河，名字的起源是因為穴後有一座狀似田螺殼的山崗，加上來自龍山的落脈是由多個小山崗組成，恍似田螺母親帶着一串田螺仔，而墓就點在田螺的「層」上面。顧名思義，母親帶着一大群兒子，不用多說，穴地也是主發人丁的了。

目前粉嶺彭氏在港人口約有四千多人，散居在粉嶺圍、北邊村、中心村、南邊村、南邊新村、粉嶺樓、掃管埔、蕉徑及大埔汀角等地；另據 1980 年代的統計，彭氏旅居世界各地也約有四千餘人，如此計算，名穴的功效可說已全應驗。

5　今龍躍頭。

相傳，【田螺帶子】本是龍躍頭鄧氏所有，但因為要答謝彭桂恩德，鄧氏便送了給他[6]，誰料他和兒子生前吃盡奔波苦頭，二人下葬在【田螺帶子】七百餘年後，仍是不得安寧，險些兒還要起骨遷墳。

事緣自 1949 年大陸政權易手，英軍為了加強香港防衛力，不斷徵地興建軍營，以安置增兵，而【田螺帶子】就正正落在新建的皇后山軍營的地界中，搬遷似乎是遲早的事。

要知道，軍營地屬禁區，若未得軍部允許，閒人是不能自出自入的，所以為防村民隨意闖入，軍營內的墓地一般都要強令移走。然而千金易得，一穴難求，面對迫遷風水名穴，彭族哪肯輕易答允？他們當然強烈反對，如此一番拉鋸，也是當時官員的政治手腕高明，知道強來不得，民意難逆，於是取消遷葬令，以協商取代高壓，除了答應保護自然環境，還積極游說彭氏子孫只定期入內拜祭，一場風波才總算化解，而百年古墓也得以保存。不過，政府在 2014 年中已決定發展皇后山軍營為公共屋邨，如此大興土木，屆時【田螺帶子】周圍可不知又會起甚麼變化了？

彭氏家族除了【田螺帶子】之外，在粉嶺區內另有一名穴【黃龍出洞】[7]，也是主出人丁，今彭氏三大房以此祖後人最盛，幾佔四分之三的人口，人人都歸功於此穴的靈驗，而事有湊巧，這

6　有言龍躍頭鄧氏以兩穴山地任選一處作贈，一是在上水高爾夫球場內的【蝦公地】，
　　主發財；另一就是【田螺帶子】，主發人丁，結果彭桂選了後者。
7　又稱【蛇地】。

▲【黃龍出洞】

▲【黃龍出洞】墓碑

◀ 重陽祭祖後，彭氏二
房子孫在【黃龍出
洞】前吃山頭。

▲ 粉嶺圍

▲ 因政府發展皇后山軍營，2016 年彭氏為【田螺帶子】做了一場薑符法事，
以保護先靈。

▲相傳當年龍躍頭鄧氏給彭桂二擇其一的【蝦公地】

▲皇后山軍營範圍廣闊，營內除了【田螺帶子】，另有多穴龍躍頭鄧氏的太公山如【虎地】，附近有地方虎地排，其名即來自此穴。

座祖墓亦差點如【田螺帶子】般，給政府收地毀去。

　　【黃龍出洞】位於黃崗山，地近祥華邨，是彭桂第二名孫子三世祖彭啟璧的墓地，因穴位點在龍口位置，故名。在 1974 年，當時政府因要收回墓地興建北區公園，惹來彭氏二房子孫群起反對，及後政府讓步，改畫公園藍圖，保留墓地，但因四周景物已大起變化，如今已無復原來的風水面貌。

　　據父老相告，【黃龍出洞】的碑文原來暗含玄機，那「明三世祖啟璧彭公之墓」實是「元三世祖」才對，因據族譜所載，彭啟璧是在元朝逝世，但礙於漢蒙有別，其後人才以「明」代「元」，據云這種情況在同時代的元墓中很常見。

後記

　　當年彭桂因只得一子，人丁單薄而屢受欺侮，故他欲獲得旺丁的名穴自用，以此蔭庇子孫，可說是用心良苦。

　　彭迪然死後和妻子黃氏同葬於【田螺帶子】穴內，好陪伴父親，而彭桂妻子王氏因當年沒有和丈夫南來，死後留葬東莞，碑上刻名只作紀念。

　　傳聞凡是一些以水族類為喝象名字的墓穴，例如蝦公、海螺、田螺或毛蟹等，墓前必須見水才能使龍穴生效，像【田螺帶子】前面從前本是一塊塊的水稻田，加上有軍地河流過，才算符合喝象的要求；又如果在「進金」[8]的日子下滂沱大雨，一若如魚得水，才好呼應相生相剋的道理，而名穴的力量亦會大增，這也可解釋前述的新田文氏【蝦公地】，其子孫為何要大灑金錢，在穴前加建一個水池了。

8　安放先人骸骨進穴內。

上下同心，老闆夥記同祭下花山「李錦裳墓」

　　現代機構講求團隊精神，故經常舉辦集體活動，好增強員工的默契，但以每年掃墓，拜祭公司創辦人作為活動內容，一如新界大族每年的墳前祭祖，相信普天之下，惟獨香港著名的醬油公司李錦記有這個安排，這實是香港名穴掌故中不可或缺的一頁。

　　李錦記以生產蠔油起家，由於她的產品深受各地華人的歡迎，在 1999 年便被一間極富權威的國際品牌顧問公司 interbrand 選為亞洲十大品牌之一，與香格里拉酒店和國泰航空公司齊名，更是亞洲飲食及飲料類第一名，可說是港人之光。但相對於今天的成就，又有誰會想到，李錦記蠔油的發明，竟會是其創辦人李錦裳在危難中，無心插柳所研製出來？

　　李錦裳（1862-1922 年）本名象燦，廣東新會七堡鄉涌瀝里人，他出身原不是做飲食買賣的，在清光緒年間，李氏在鄉間為了打抱不平，得罪了村中惡霸，被迫出走避禍。他逃到一處叫南水的河邊小村落腳，並在岸邊開了一檔茶寮維生。由於南水地近珠江口，盛產生蠔，李氏便常以蠔隻佐膳。

　　一日，他把隔夜存下的蠔隻翻煮，竟發覺熬出的蠔湯，甘甜鮮美，起初他也沒有把這個發明看作一盤生意，只是向左鄰右里

香港名穴掌故鈎沉

▲「李錦裳墓」

▼李氏後人刻意在墓的左右植樹化煞

▲李錦裳及妻子梁糖

推介自己的得意傑作，好分甘同味，誰知一眾街坊品嚐過後，竟讚口不絕，甚至把這人間美味傳揚開去，引來不少鄉人找李氏買蠔湯回家做飯。

如此鄉眾的熱情使李氏靈機一觸，在 1888 年，他決定開設一間蠔油莊生產獨家發明，並以自己的名字為店名，取名「李錦記」，而以後的一番事業便是由此而來。

蠔油這種新醬料，自經李錦裳大力推廣，四年下來已漸為人所熟悉，他的產品更流通整個廣東省和香港。但只是人算不如天算，正當他為應付日多的銷量大展拳腳，而投下更多的資金到南水生產基地後，一場大火卻使到他的心血化為烏有。然而遭逢此劫，李氏除了一番傷慟外，並沒有倒地不起，相反的，他在 1902 年猛下決心，將總部遷移到澳門重新開始。那時他帶同兩名兒子——李兆南和李兆登到蠔莊工作，希望憑藉兩人的幹勁，助自己創出天下，而自此以後，李錦記公司子承父業的傳統便正式確立，到了今天，已是李氏第四代在掌舵。

李錦記在香港開設分公司是 1935 年的事，而到了 1946 年，李氏家族更把總部由澳門遷到香港，之後還在西環和黃竹坑設廠。

李錦裳逝世後，他的墓地就選在荃灣下花山一條山脊上，那可是一處風水佳城，據知共有兩大風水特點：

（1）穴後的靠山——蓮花山活像一個筆架，術家稱為「品字三台」，主出子孫聰明多讀書。果然，李氏第三代李文達的六

▲ 李錦裳穴前的催官星

▶ 賴布衣（文俊）
　的催官篇

▼ 李錦記員工拜祭李錦裳墓後大合照

李錦記130周年創業紀念日
LEE KUM KEE 130TH FOUNDER'S DAY
21-04-2018

▲李錦記第三代掌舵人李文達

▲澳門李錦記

▲李錦記在新會七堡的醬油廠

香港名穴掌故鉤沉

名子女，全都是大學畢業，如今有四人已加入李錦記公司工作，其獨當一面，只是時間上的問題。

（2）穴前有一凸出的小土丘，風水理論上稱為「催官」，若墓碑的方向是正對這粒「催官」，就能催發官祿，但據知李氏下葬之時，他的後人並不主張把碑向正土丘，反而偏向位處東南方的葵涌海（按：葵涌從前是海灣），因為風水理論中有一句名言，就是「巽水一勺可救貧」，意即如果穴位能夠向着位處巽方（按：即東南方）的江河湖泊，就能發富。李氏後人把碑向移對大海，明顯是要財不要貴的決定。李錦記今天大展鴻圖，業務拓展至全世界，早已由當年的蠔油小莊擴充至大埔工業區的現代化廠房，甚至在新會七堡擁有一座大如煉油廠的醬油工場，李氏一家確已成大富了[1]。

不過，這穴地並非毫無破綻挑剔可言，其最大弊病，是穴前山崗有山咀犬牙交錯互撞的情況，主引發兄弟不和，甚或爭產之事。李秩的《地理闡徑集》中有記：「兩弓齊到，人皆道好，卻主殺傷，反生煩惱。」及後果然，李氏第三代傳人為一宗千萬官司，兄弟鬩牆，更要登報澄清關係，正是暗合這穴的不足地方。

李錦記主僱祭祖的傳統由來已久，初期人數只得十來個，及後到了 1980 年代，隨着李錦記的規模不斷擴大，員工日多，李

1　2019 年福布斯香港富豪榜，李錦記第三代掌舵人李文達成為全港第三富豪，身家估計有 171 億美元，緊隨李嘉誠和李兆基之後，而險勝劉鑾雄 1 億美元。

氏後人便索性每年定下一日為公司創業紀念日[2]，該天所有員工休息，先一同拜祭「李錦裳墓」和柴灣永遠墳場的「李兆南墓」[3]，跟着是晚上的慰勞宴，如此單是 1998 年的 110 週年紀念，全公司就有四百多人參加，堪稱香港企業的經典。

能將中國人慎終追遠的不忘本精神和西方管理學的團隊觀念合二為一，這實是一種嶄新的管理概念，李錦記多年來不單沒有被百年老字號的包袱困囿，反而披荊斬棘與時並進，實不無道理！

後記

其實「李錦裳墓」的風水擁有不少瑕庇疵，據言在其墓後稍高處，另有一穴陳姓的墓地風水更好。有風水名家言，若李家能把穴前山尖改成圓形，那山咀互頂的風水缺憾，就能化凶為吉。

由於「李錦裳墓」建在山崗上，四周空曠，所以點穴的風水師故意在墓前左右種了兩排樹來擋風，好充作人工「龍虎砂手」，這總算能化解穴地結構一些先天上的不足。

李氏第四代兄弟四人各有所長，大哥李惠民讀的是食品專業，二哥李惠雄讀的是市場學，三哥李惠中讀化學工程，四弟則是讀工商管理和財務，四兄弟在公司各自發揮專業所長，又互補不足，如此的兄弟班組合，在香港的大公司實屬罕見。

2　約在清明節前後。
3　2005 年夫妻二人遷葬下花山墓地，與父母同穴。

與別不同的錦田鄧氏【鐵鑪墳】

　　古人說「人死留名，雁過留聲」。人逝世後入土為安，子孫為他起墳造墓，樹碑立傳，本是極平常的事，但錦田有一座全港獨一無二的怪墳，四百多年來，後人一直都不敢為先人立碑存照，墳上無名無姓，為的竟然是一個奇怪的風水局。

　　怪墳位於錦田水頭村後的筲箕窩，在【荷葉跋龜】所處的山崗背後，其面積頗大，但建築極其簡單，只有薄薄一道的白色矮牆圍作墓形，內有兩層地台，前二後三的放着五座石屎鋪面的白色棺木形墓塚，整個墳無碑無字氣氛怪異，也由於沒有碑文可供考證，風水師就憑附近的地形，因應整個風水局，就管它叫做【鐵鑪墳】。

　　古時的鐵鑪就像今天打邊爐用的炭爐，鑪中央是一個通風口，其兩邊則是一對鐵環，以便提起。由於【鐵鑪墳】的背後，真的左右各有一座半月形的土丘，形肖一對鐵環提着鑪身（墳身），故名。

　　風水理論中流傳一種頗玄的說法，那就是穴地若形似某實物，就必須因應該物件的「結構原理」來設計墳貌，好作配合，而決不可違背其特性。若以本文所述的【鐵鑪墳】為例，由於點穴的風水師認為墓碑位就是鑪的通風口，故為保名穴威力，避過

▲【鐵鑪墳】，留意其背後的兩個小山丘。

▲ 採「壘葬」的鐵鑪墳

▲【鐵鑪墳】的仰天碑

「形煞」，他就刻意不立碑，以免堵塞氣口，影響鑪火興旺。另外，他又故意把五座墳形堆成一嚿嚿炭的樣子，意謂炭多火猛，蔭發子孫；亦因為此，這裏的後人拜山，向有一種獨特的風俗傳統，就是不會淨撒白石灰粉，而是用一種混合白灰、英泥和炭灰的灰粉掃墓，好跟煤炭的顏色相呼應。

雖然諸多限制要求，但墓主的後人能夠如此緊隨風水師的說話，歷數百年而不敢改制，這個穴當然是經得起考驗了。據知，【鐵鑪墳】乃是一個速發的龍穴，原因是水為財，它的鑪口位從前正對着一大片水稻田，所謂「食正條水」，故主富貴[1]；而穴前遠處又有一串山丘作「案山」[2]，暗合古人「伸手摸着案，定作發財斷[3]」的口訣，如此兩者兼得，其後人焉有不家財萬貫之理？

但是，據鄧氏父老所言，這個穴在清朝時曾遭人惡意破壞，夜間找人暗中填高了通風口的泥土，塞死了鑪口，結果累至數十名年青考生應舉時淹死后海灣，以至百年來整房人一蹶不振，要直到近數十年才有改觀。

也許時移世易，【鐵鑪墳】不立碑的傳統在1993年突遭打破，其後人在修葺祖墓時，突加鋪了一塊雲石「仰天碑」，上刻有先人名字及其承傳，這做法既符合名穴格局，又可為祖宗留名，實

1　水稻田今已變做魚塘，但一樣是水，故無礙。
2　「案山」是指穴前所對着的山丘。
3　一作「稅錢千萬貫」。

可說是一舉兩得，而亦因這次改制，外人終能揭開【鐵鑪墳】墓主的神秘身份。

原來【鐵鑪墳】葬的是錦田鄧氏十八世祖——第四房的鄧瓚（字松月），此人是【荷葉跋龜】墓主鄧洪儀的曾孫，他的父親就是當年給鄧欽過繼到鄧銷一支的二子鄧廣南（鄧廣海）（按：詳情請參閱【荷葉跋龜】一章）。至於同穴的另外四座附葬墓塚，其一據知是他的兒子鄧奇芳（字仲軒），餘下的卻是無從稽考了，但有說當中有一墳頭是空心的，百多年前已被後人搬走，卻不知何故仍留下墳形！

後記

墓碑一向被人視為吸收四周山川靈氣的天線，故正常情況下都是豎起的，但若果穴前有許多嶙峋怪石相對，又或是景色欠佳，風水師就可能將墓碑平放到地上，讓碑面向天，以求避開那些窮山惡水，這種做法就稱為「仰天碑」。如今在一些墳場，由於朝向欠佳，不少墓地都採用「仰天碑」，情願墓地「乜都冇」，也好過吸收了一些惡劣的負能量，而影響後人。

【鐵鑪墳】若以風水術語相稱，是為〔雙金降（扛）水〕、又或叫【凹腦天財穴】，因墳後兩小山丘（金形山）所構成的中間凹位，一如人的腦囟和元寶（天財）之故[4]。丫髻山背角子頭

---

4 亦有術家言【鐵鑪墳】實是〔四金降水〕格局。

香港名穴掌故鈎沉

170

的屏山鄧覲廷墓和趙聿修祖先在新田紅花嶺的積善堂墓地都是同類名穴。

另外，由於【鐵鑪墳】結穴面積細，所以棺木以一種叫「壘葬」的方法下葬，三分二棺材外露，避免開壙太深，洩了地氣，好暗合「棺材凸出，成就突出」之俗説。

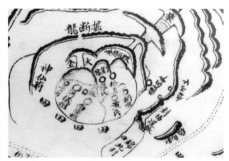

▲【鐵鑪墳】（松月）穴圖

▲ 在丫髻山背的的鄧覲廷墓，同為【雙金降（扛）水】形，又稱【凹腦天財穴】。

▲ 位於米埔紅花嶺的趙氏積善堂基地，同樣是【雙金降（扛）水】形。

何處覓芳魂——「招魂墓」、「貞女墓」與「烈女墓」

　　若翻閱明清縣志，不難發現，當中必定有「烈女」一欄，以歌頌表揚一些婦女殉夫和守寡的義行，而追溯之，這種風氣始於宋，盛在明清，以至數百年來已漸成中國傳統風俗。

　　風之流及，香港歷史上也出現過相同個案，引諸名穴，就成了本章三個叫人唏噓的掌故——明代的「招魂墓」、清代的「貞女墓」和「烈女墓」。

　　中國人重視傳承，所以有寫族譜的習慣，上水廖姓有一部族譜，書內除了清楚寫明子孫血統來歷，還記下村內百年變化以及山野逸聞，其中有一則軼事，就是涉及四百多年前河上鄉畔一座名「招魂」的古墓，女墓主叫侯氏。

　　侯氏是河上鄉侯姓族人，她在明弘治（1488-1505 年）年間[1]嫁與上水廖氏長房七世祖廖重山為妻，婚後夫妻恩愛，如膠如漆，但可惜橫禍天降，一段美好姻緣竟遭割斷。

　　話說當時海盜橫行，廖重山出外經商，竟遭海盜擄作人質，迫交贖款。侯氏得知經過，馬上四出張羅，但奔波終日都勞而無

1　廖重山在弘治年間被海盜擄劫事，乃據上水廖氏長房族譜所記。昔日筆者因未睹該譜，前版本章只據嘉慶版王崇熙修撰的《新安縣志》「烈女傳」中「節婦」條所記而言，指事發於嘉靖三十年（1551 年），今更正之，敬希讀者垂注。

▲「招魂墓」舊貌

▲「招魂墓」2010 年重修後新貌

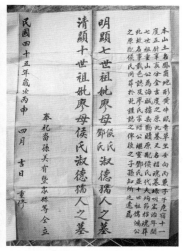

▲「招魂墓」原碑文抄件

功，無奈時間緊迫，她救夫情切，只好硬着頭皮上賊船求情，希望賊人多寬限數日，但一班海盜又哪肯輕易答應？侯氏便騙說婦道人家借錢不易，要求代夫留下，好讓他出外籌錢。

海盜首領聽罷，見所言有理，冷不防侯氏使詐，便答應其要求，讓廖重山離開，而侯氏就趁這機會，悄悄叮囑丈夫回來交贖款時，定要小心打探，並暗中將一包信物交給丈夫收藏。其時，廖重山驚魂未定，一心想着如何籌錢，根本沒理會妻子話裏玄機，匆匆接過信物便離去。

兩日後，廖重山終於籌得贖款，正想回到賊船，他忽然記起妻子臨別的一番話，便先作打聽，豈料竟得知侯氏已然跳海自盡。此時，廖重山猛然憶起亡妻所交付的信物，見包着的是一隻指環[2]和一撮頭髮，方知妻子是死志早決。

侯氏屍骨無存，廖重山便把遺物埋在河上鄉旁的衣冠塚內永作紀念，有道是「長歌聊以待招魂」，也許鄉人因此便把這墓名為「招魂墓」[3]。

後來，侯氏的高尚情操在民間廣泛流傳，其事蹟不單記諸於廖氏族譜，還引得地方官員留意，載錄在《新安縣志》中，以茲表揚。

朝代更迭，由明轉清，同樣歌頌女性貞烈的墓穴，「招魂墓」

2　一說是指甲。
3　風水喝名【黃牛眠青草】。

▲「貞女墓」墓碑

▲遭棄於墓旁的貞女神位

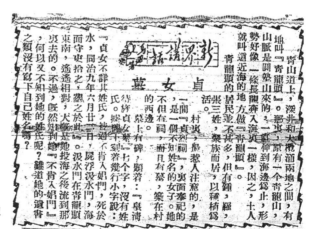

▶一篇 1944 年介紹青龍頭貞女墓的專欄文章

175

誕生三百年後的香港，還多了一座「貞女墓」，其位置就在青龍頭天后宮後左邊小山，全名是「皇清待旌貞女墓」。

有關此墓的來歷，無任何文獻輔助參考，只能據碑文所記而言，乃是由駐守汲水門海面的官兵所立，時為同治九年（1870年）六月廿三日。原來當年他們在海面打撈得一女屍，知是一為保貞操而拒入娼門自殺的女子，因不忍其為無主孤魂，遂合力就近立墓安葬（碑文稱該處為白沙灣之北，白沙灣實即青龍頭古名），奈何不知名姓，便以「待旌貞女」稱之，而村民後來更在灣畔天后宮加建「貞烈祠」以祀。

這間「貞烈祠」堪稱全港獨有，昔日只奉貞女神位，唯近世有人將其改成觀音廟，貞女神座則放在一旁，叫人深感無奈！

「招魂墓」在上水、「貞女墓」在青龍頭，以下要說的「烈女墓」則在香港島，主人翁名賽金英。

話說香港開埠初年，有西區浦鄉女子賽金英下嫁到摩星嶺，誰知新婚不久，丈夫就身患頑疾去世，遭逢不幸，悲痛欲絕的賽氏便和家姑搬往百步梯暫住，好離開傷心之地。但也許合該有事，她的鄰居竟是一名好色之徒，那人見賽氏略有姿色，便終日存有非分之想，恰好她的家姑也是個貪錢的人，且懷恨這個新抱剋死自己的兒子，害得自己老而無依，便私下收取千元聘金，答應把媳婦賣給他作妻子。後來賽氏得知這事，她雖是鄉下人，並沒有讀過多少書，卻極為貞烈，一心只想為丈夫守節，從一而終，

▲青龍頭天后宮

▶ 青龍頭天后宮右
殿的貞烈祠石
匾,如今是有名
無實。

▲摩星嶺。「烈女墓」或仍存於山中某角。

所以嚴詞拒絕了家姑的要求，迫得緊了就抱着丈夫的遺照哭泣。

如此雙方僵持了十多天，家姑見賽氏依然無動於衷，便經常借意狠狠地打她，想迫她就範，可憐賽氏在港只孤身一人，連遭家姑虐待，卻是呼救無門，身心受創後終把心一橫，抱着丈夫照片奔到海邊跳崖自殺。

賽氏之死很快便傳開去，不少鄰居都為她的貞烈行為所感動，有傳數日後漁夫無意中撈獲她的屍體時，雙手還抱着丈夫的遺照，可見其志之堅，為了紀念賽金英的節氣，有心人便把她安葬到摩星嶺山腳面向大嶼山的一塊墳地上，樹碑立傳，為她添上「烈女」美名，其墓便給土人稱之為「烈女墓」。[4]

後記

「招魂墓」尚存人間[5]（按：請參閱拙作《香港民間風土記憶（四）》），但「烈女墓」已不知所終，殊為可惜！據古籍所載，魏晉南北朝時社會不定，戰事連年，人民生活在兵亂之中，往往屍骨無存，所以「招魂葬」十分盛行，當時凡墓中不放屍體的葬式，都叫作「招魂虛葬」或「招葬」。廖重山為亡妻建「招魂墓」，想是託此古制而來。

---

4 有關「烈女墓」事，資料出自坊間報章書刊，並無正史參考，亦無實物所憑，唯摩星嶺一帶在香港開埠初年，確為墳地，至今在山腳一帶樹叢中，仍留下不少失祭的墳墓。

5 筆者在寫作本書舊版時，因資料搜集無方，緣份未至，曾一直誤以為「招魂墓」已失。

提到失蹤的名穴，青山有一座「魚墳」也很出名。這墳在青山寺香海名山牌坊附近，形作錐狀，中間嵌一石碑，上書「捨身護法海魚之墳」。據朱維德先生著的《舊貌新顏話香江》所記，這墳出現於上世紀 20 年代初，傳是遊人攜魚登山野餐，犯了殺生之忌，遂給寺僧勸戒而捐款建成，墳內藏的原來只是一條魚骨，現仍有一篇碑文存世，只可惜滄海桑田，今已隱沒於四下密林之內。

「逢吉鄉抗英義塚」

　　廣東梅縣黃坑村有一座名穴叫【黃蛇趕鼠】，內裏葬的是宋末抵抗元兵入侵，在梅州犧牲的三百多名勤王義軍，客家人稱這種安葬眾多無主亡靈的大型墓穴為「義塚」。新界錦田逢吉鄉妙覺園亦有一座鮮為人知的義塚，葬的正是一批為反殖民侵略而犧牲的無名義士。

　　百年來，香港歷史書雖從沒有清楚詳述他們集體死亡的真相，但血腥慘案依然殘存在原居民的集體記憶當中，那是一段差點便被掩埋的歷史：1899 年發生在大埔、林村、上村和錦田的「六日戰爭」。

　　這場戰爭主要是由統稱「新界五大家族」的鄧侯彭文廖五姓村民參與。事緣當年英國政府巧取豪奪，以保障香港島和新九龍的殖民地為名，向清政府強租「新界」作為後援地，為期九十九年。

　　為此，受影響的鄉民一方面對清政府深感無奈，另一方面，亦不忿英國人的霸道行徑，加上又害怕家產被充公，故眾人便決定以武力來解決問題，於是在 1899 年 3 月至 4 月期間，一支由圍村團練作基礎的抗英義軍逐漸形成，並由當時享有時譽的廈村

▲ 逢吉鄉妙覺園抗英義塚

▲農曆九月鄉民往祭義塚

新圍村長鄧青（菁）士和鄧儀石[1]等人帶領。

其時，據中英雙方的協議，英國原是可以在 1898 年 7 月 1 日接管新界的，但由於新界鄉民的異動，使英國政府不敢急於行動，反而是先派出剛到港的接管新界專員史超域・駱克搜集情報，好摸清這塊神秘「大陸」的面貌，來制訂消除反抗勢力的長久管治策略。

初到貴境的駱克並沒有令他的上司失望，他短時間內，透過賄賂新安縣知縣盧煥而獲得大量珍貴情報，其中最有價值的，就是一份記有屏山、厦村、八鄉、錦田、上水、粉嶺、丙岡、新田、蔡坑（泰亨）和大埔頭等八姓十區二十七名抗英代表的名單，由於當中以鄧侯彭文廖這五姓勢力最強，擁有土地最多，所以這份著名的《駱克報告書》就稱他們為「新界五大家族」，成為這個名詞的首用。

能掌握各村核心人物的背景，使英國政府認為有足夠的本錢來駕馭大局，故幾經考慮，她們終決定約在一年後的 1899 年 4 月 17 日接管新界，並且擬在大埔墟附近的涾涌（泮涌）運頭角山架設警棚舉行升旗儀式。

這消息當然很快便傳到鄉民耳中，其時中英兩國政府正為稅關的設置問題鬧得頗僵，英國政府單方面違反和李鴻章簽訂的

1　即鄧惠麟。

《展拓香港界址專條》，要驅逐中國在新界的稅關，這使兩廣總督譚鍾麟極為氣憤，揚言英國不放棄撤關要求，中國就拒絕移交新界，此言無疑如給一眾蠢蠢欲動的鄉民打了一枝強心針，結果在 3 月底和 4 月中，大埔鄉民聯同各地增援人士，以反對設立警署為名，兩焚涖涌警棚，對抗行動正式爆發。

英國眼看屢遭鄉民阻撓，而接管日又快到，大埔的會場還是竣工無期，當時的港督卜力決定增派英軍維持秩序，但一心要驅逐「侵略者」的新界鄉紳又哪肯示弱，他們早在 4 月初就到處籌款，集資購買軍火藥物和糧食，還北上東莞各地，號召鄉民團練加入抗英行列，並在元朗東平社學成立了一所抗英指揮中心——「太平公局」，結果一共募集了二千多人，並購得一批日製俗稱「鈎仔」的六八式步鎗、德製的七九式步鎗和十二門由佛山鎮訂來，俗稱「枱槍」的土炮，一場決戰勢在必行。

1899 年 4 月 15 日，距接管日還有兩天，港督卜力為確保舉行場地順利完工，再加派 22 名警察和一連香港團隊 125 人駐守。他以為這一着萬無一失，誰知由大埔鄉民為主力的義軍早已在梅樹坑山頭恭候多時，連環發炮，一度打得陣腳未穩的英軍狼狽萬分，但可惜義軍因為彈藥不足，很快便遭英軍奪回形勢，結果雙方苦纏一夜，義軍終被增援的半營英軍和炮艦榮譽號擊潰，在 16 日上午給英軍搶佔了山頭陣地。

卜力獲知義軍撤退後，見機不可失，立即加派亞洲輜重連和

▲ 妙覺園大雄寶殿，昔為一地藏廟。

▲ 錦田市友鄰內英雄祠

另兩連香港團隊及炮艦快捷號趕赴大埔，好爭取早一日舉行儀式，製造既成事實。在 1899 年 4 月 16 日下午 2 時 50 分，米字旗終於在大埔運頭角山（鬼仔崗）升起，英國人正式管治新界。

但你自你升旗，義軍並沒有把它放在眼內，自首日接戰失利後，義軍積極部署反攻，他們透過厦村鄧氏宗祠徵集鄉勇和彈藥，火速在 17 日中午發一記回馬槍，偷襲大埔兵營，打傷了好些英兵，當中包括一名叫布朗的少校。

其時，駐守大埔的司令官加士居，緊急要求支援，在得到停泊大埔海戒備的英國戰艦漢伯號和孔雀號重炮掩護下，他開始重整隊伍，反客為主，憑着優勢火力，再一次攻上義軍陣地，但這一次，義軍並沒有倉皇潰散，他們且戰且退，漸漸撤到林村谷兩邊佈防。

林村谷是一座狹窄的山谷，前連大埔，後通錦田，長數里，底部平地闊約里許，全是稻田，兩邊則是茂密的叢林，是打伏擊戰的理想地點，義軍退到這裏，正是要乘着英軍不諳地形，誘敵深入，好聚而殲之。

果然，英軍見鄉民後退，以為又是火力不繼，真的馬上亦步窮追。這時，義軍首腦眼看英軍上鈎入谷，犯上兵家大忌而不自知，即下令總攻擊，誰知甫一接戰，義軍又一次被擊潰下來，大出眾人意料之外。

原來鄧青（菁）士等人千算萬算，卻算漏了義軍的鎗法準繩。

185

◀友鄰堂內神位

◀屏山達德公所
內義士神位

◀吉慶圍舊貌

這群只擅於守村打海盜的鄉勇，因平日訓練不足，鎗法欠準，第一波的伏擊竟未能重創敵人，反使英軍有所驚覺，招來大力還擊。

在英軍重火力的掃蕩下，義軍惟有暫時退到雞公山上匿藏。而多年後，是役死裏逃生的英軍指揮官奧戈爾曼中校曾感慨地說：「抵抗者陣地選得好，要是他們鎗打得準，英軍本來是會倒霉的！」未知是否說反話。

英軍攻出林村谷後，便落到山下的上村石頭圍紮營，他們以為四散的義軍不會再亡命地搶攻上來，誰知屢敗屢戰的義軍狠勁十足，回氣一晚後，來自屏山、厦村、青山、橫州、深圳、沙頭和東莞等地的義軍在 4 月 18 日下午 2 時又再搶攻英軍營地。

是次義軍本着不成功便成仁的心態，奮勇衝鋒，但英軍似已看穿義軍的實力，他們採取陣地戰，以寡敵眾，以靜制動，在防線上用密集火力抵擋一波波的衝殺，最後雙方苦戰了近三個小時，英軍技勝一籌，擊潰了義軍，鄧青（菁）士和鄧儀石等領袖見己方死傷枕藉，大勢已去，也只得各自散去，以避追捕[2]。

在上村之役後，英軍並未即時撤回市區，為斬草除根，他們開到抗英力量在錦田的根據地——吉慶圍和泰康圍，企圖捉拿逃脫的義軍。面對兵臨城下，錦田鄧氏倚靠護城河，閉門與英軍對峙，如此爭持了兩天，英軍攻破圍門，終以武力屈服一眾村民，

2　鄧青（菁）士後來遭英方捕獲絞殺，但罪名非涉六日戰爭，而是一宗兇殺案。

而駱克更為宣洩久攻不下的晦氣，好給英國政府六日來的遭遇挽回一點面子，蠻然下令拆去吉慶圍和泰康圍的連環鐵門，好作為戰利品運回愛爾蘭炫耀。

據新界父老所言，由 4 月 15 日至 20 日攻入吉慶圍止，六日間，戰死的義軍數以千計[3]，而部份屍骸和因守護吉慶、泰康二圍而犧牲的鄉民，就給合葬在圭角山下的妙覺園義塚中。

這個義塚俗稱「白骨墳」，建在大雄寶殿旁，土名金雞山，本來頗為簡陋，幸於 1934 年得鄧氏「同福堂」捐資才建成今日模樣。它的墓形寬敞，約三四十尺闊，墳前橫題「西方極樂」，旁聯則有「早達三摩地，高超六欲天」二句，中書「義塚」兩大字，卻不見義士芳名。

除了義塚，新界民間至今仍有多處地方奉有戰死義士的神位，像錦田市友鄰堂內設的「英雄祠」，就是供奉一眾與鄧氏有關的戰死鄉民，內裏牌位有三，分別是：「別鄉親朋諸位志士之神位」、「南陽鄧氏諸位志士之神位」和「南陽鄧母諸位烈婦之神位及別鄉異姓諸位烈婦之神位」；至於是抗英行動總部的屏山「達德公所」，更有一塊刻上達德約「三山兩鬱一洲[4]」共 174 名戰死鄉民名字的石碑，其足可和上述遺蹟互證。

3　據夏思義 Patrick H. Hase 著《被遺忘的六日戰爭》統計，義軍傷亡人數約五百多人。
4　「三山兩鬱一洲」是組成達德約的主要村落，「三山」指的是屏山、橫台山和山下；「兩鬱」是掃管鬱和蚺蛇鬱（今稱沙江圍）；「一洲」則是橫洲。

▲吉慶圍圍門

▲駱克

▶ 錦田鄧氏《師儉堂家譜》中記下友鄰堂英雄祠和義塚史事

英軍乃以重炮射擊圍牆後以寡眾寡眾不能抵抗被迫解降而兩圍之鐵門已遭英軍運往英國作為戰爭勝利紀念品是以我國恥之一也此一塲可歌泣之民族抗戰逼告一民羞迨至民國十三年甲子(公元一九二四)我族紳耆始向香港總督史塔士請求發回至翌年始准運回鐵門一對歸遠安裝於吉慶圍其餘一對尚在英國據查實現紫於吉慶圍之鐵門其中一面像秦康圍之原物云

當對英人抗戰之役我鄉友其他有關被犧牲者之道嶷其之家屬不能辦理善後事者乃由錦田公眾擇地於圭角嶺麗中之同福堂地藏廟像山殮葬其神牌則附設於

周二公書院之前座右進至民國廿三年甲戌(公元一九三四)則遷往錦王市之友鄰堂宗祠以供配享至今鄉人顏其名曰「英雄祠」每年春秋二祭枕遞弔其壯烈不忘也 上文錦田歷史簡略於民國二十四年乙亥自修師儉堂家譜時搜集

後記

　　英國佔領香港初年，一直把香港的中國人視為可以給他們為所欲為的未開化「土人」，自遭五姓聯手打擊後，英國政府的氣燄略有收歛，在處理鄉民問題上顯得較有彈性，軟硬兼施，好像奪去的吉慶圍鐵門就在 1925 年物歸原主[5]，以化解鄧氏家族所代表鄉間勢力的長年怨懟，又在土地使用上多方遷就鄉民的要求，特別是涉及祖墳名穴的移葬問題，更是多所讓步，免招民憤。（按：請參閱鄧氏五大護墓史章。）

　　《駱克報告書》中的 27 人名單如下：（一）屏山區鄧朝石、鄧芳卿、鄧青雲、鄧袞臣、鄧礪生、鄧林。（二）廈村區鄧儀石、鄧青（菁）士、鄧國林、鄧植亭、鄧雄才、鄧煥藻。（三）八鄉區謝香圃、黎春、李邦、鄧同。（四）錦田區鄧祝三、鄧鷺賓、鄧逸軒、鄧己有、鄧三槐。（五）上水廖雲谷。（六）粉嶺彭少垣。（七）丙岡侯翰階。（八）新田文禮堂。（九）蔡坑文湛全。（十）大埔頭鄧茂。

　　駱克除了收買盧煥之外，還得一名譯名叫吳介璋或吳繼祥的人通風報信，這人和新界鄉紳稔熟，卻不斷秘密地通風報信，把「太平公局」的活動知會駱克，明顯是一名內奸。

　　衝突過後，由於英國只想把整場戰事淡化為區內平亂，所以

5　有言那歸還給吉慶圍的一對鐵門，並不對稱，因其中一邊是來自泰康圍的。

一直沒有向圍村開炮，免招國際譴責。

有人說「歷史」是由當權者所寫的，吉慶圍鐵門歸還錦田時，門外曾附有一碑，簡述事件經過，但碑文避重就輕，刻意隱瞞，輕輕說成是：「……各鄉無知者受人煽動，起而抗抵。我圍人民，恐受騷擾，堅閉鐵門以避之，而英軍疑有莠民藏其間，遂將鐵門攻破。入圍時，方知皆良民婦女，故無薄待情事，故將鐵門繳去。……」

據鄧氏文獻所載，逢吉鄉義塚原是鄧氏一個私人義塚會所有，名「聯義堂」，創於同治十二年（1873 年），共有 16 份，及後因有人退出，只剩下 11 份，最遲在光緒十八年（1892 年）才稱「同福堂」。義塚原不甚大，其成立本不涉抗英，只是因要急於安葬大量無人認領的義軍遺骸，該會才無私撥地，以妥英靈。時至今日，同福堂每年農曆九月某日，各有份人等都會齊集拜祭義塚，風雨不改！

「呂氏祖墓」
——出貪污探長的發財龍穴

飛鵝山下百花林有四座名穴,那是「孫母墓」、「岑氏墓」[1]、顏氏【雙鳳朝陽穴】[2]和「呂氏祖墓」,其中「呂氏祖墓」所葬的就是 1960 年代貪污探長呂樂的祖父母、父母和叔伯。

呂樂本名呂慕樂(1920-2010 年),海豐金交椅鄉人。他於 1940 年加入警察隊,1951 年升為二柴,1954 年獲貪污督察韓德[3] 引薦,升為三柴便衣探長,1962 年再升一級為港島區總探長[4],由於傳聞他有家財五億,人人又叫他做「五億探長」,在 1973 年廉政風暴前,他提早退休移民海外,僥幸未受牽連,晚年歸隱台灣,2010 年去世,目前尚有家人在港居住。

呂樂能夠叱咤於那個佛地神差的年代,擁有億萬身家,傳聞除了他那八面玲瓏的手段之外[5],更有賴一名潮州風水先生鄭德樵[6]之暗助,他為呂樂祖父在百花林苦心經營一座催財龍穴,使呂樂「財源滾滾」,以致無論正財偏財都盡收其腳底。

---

1 傳為《華僑日報》老闆岑氏親戚,是風水名家岑溪蘊(梯雲)所點。
2 傳為前華探長顏雄祖穴。
3 又名爛仔亨,因他英文名叫 Henry,中文譯作亨利,他後來被廉署拘控而入獄。
4 即現今的便裝警署警長。
5 他綽號叫笑面虎。
6 鄭德樵是普寧洪陽鎮人,活躍於上世紀六七十年代的香港潮汕族群,曾為不少鄉里造葬,馬姓大報老闆在清水灣的祖山,也是聘他點葬。他在 1980 年代去世,下葬牛潭尾。

▲「呂氏祖墓」

▲「呂氏祖墓」的墓埕是凹進地下一如半月池的。

可以説，那座「呂氏祖墓」的建造佈局全是為了一個「財」字而來，而其最大特點就是那滴水不漏的墓埕設計。

原來一般墓穴的墓埕都是凸出地面的，兼留有去水位，目的是把落在墳頭的雨水經左右坑位流進墓埕後，由高向低經過一個小小的出水口，排出墓外，以免水浸墳塋。但這個穴卻別樹一格，鄭德樵故意將墓埕設計得凹入地面，變成一個深約一尺的半月池，去水口就坎進地底，使雨水不能直入直出，意即肥水不流別人田[7]，再加上在墳前左邊刻意培植一大片風水林，用來平衡右邊山勢，既有防人丁受損之意，更做成一個大小通吃，錢財有入有出的包圍格局。如此精心計算，難怪呂樂家財億萬了。

後記

有言「呂氏祖墓」並非真箇龍穴，因為從地勢推測，那地方原是一條山坑，風水先生強用泥土把坑溝填平，墓就扦在人工山坡上，所以才有臨邊高達二三層樓高的護土牆出現，這種做葬法雖然有盡各種風水優點，於後人卻是有害無益。這穴在 1960 年重修，只十年多光景，呂樂就要流亡海外。

呂樂後半生一直為廉政公署通緝，昔日廉署在東昌大廈的展覽廳內，還掛有一幅 1995 年初《星島晚報》在台灣拍得的呂樂近照，而有關他擁有五億家財之事，是由韓德在其回憶錄中所披

7　風水理論中以水為財，水越多越發。

▲「呂氏祖墓」墓碑

◀「呂氏祖墓」建在深坑之上，所以墓埕盡頭有
一道數十呎高的護土牆。

▲ 1995 年香港記者在台北拍
得呂樂上茶樓品茗

◀「呂氏祖墓」是潮州普寧鄭德樵
所點下

▲ 香港名探奇行錄

▲ 1949 年呂樂曾參與破獲大案，其名字見報。

◄ 在清水灣的「馬氏祖墓」，亦為鄭德樵點下，時當 1964 年。

香港名穴掌故鈎沉

露，本文有關呂樂的資料主要參考自捕房後生的《香港名探奇行錄》一書。

錦田墟附近有一座小山覆船崗，山上葬有何姓貪污探長的祖墳。鄉人有云，祖穴蔭出個貪污之徒，全因為它正對錦田河這條污水，使後人賺的都是污糟錢。何姓探長在廉政風暴前逃到台灣避難。

呂樂的故里金交椅鄉，鄰近鹿境鄉，鹿境鄉有一間非常著名的太陰娘娘廟，此即昔日士丹頓街光漢台一帶呂姓居民所奉太陰娘娘的祖廟，有傳呂樂的母親顏譚妹就是首個把這位太陰娘娘請到香港供奉的人。

祖穴不可動
——記新界鄧氏家族的五大護墓史

　　中國人是一個安土重遷的民族，生人如是，安葬先人更是非不得以不作他移，除了生死於斯的觀念外，更重要是祖宗山地每多風水名穴，它有甚麼風吹草動，都被視作影響世代子孫興旺的大事，所以為保風水地，平日不理事的村婦老農，他們都可以剎那間團結起來，站到最前線全力反對入侵者；上京告狀有之，武力抗爭有之，總之你不放棄我不罷休，拼了老命也只是一句「祖穴不可動」。

　　香港名穴史上曾出現過多次大型護墓行動，其中以發生在鄧氏家族的次數最多，亦較為激烈，近百年來規模較大的共有五次，分別是保護【半月照潭】、丫髻山、【燕子泊樑】和【獺地】（錦田「鄧文蔚墓」）。

　　【半月照潭】可說是一眾鄧氏名穴中惹來最多抗爭的祖地，為它而起的護墓行動曾有兩次，第一次約在清末宣統年間。

　　話說當時有非鄧姓的村人看中墳前大片的海灘荒地，想填海立村，也許他們是初到荃灣，對那裏的風土民情一無所知，因為他們要填去的海濱，正是【半月照潭】的潭景所在，若成事實的話，【半月照潭】將會變成半月「無」潭，那八百多年的名穴靈

▲在【半月照潭】墓側記錄有關護墓史的碑石　　▲鄧族反對在丫髻山採泥的報章新聞

▲當年鄧族反對政府採泥影響祖墳成為新聞要聞

氣，亦會隨之消逝。為此，鄧氏後人群起反對，更投訴到當時負責新界事務的理民府處，結果香港政府為平息民憤，決定不批准填海計劃，使【半月照潭】保持原貌，事件才暫告一段落。

鄧氏族人在得到政府允諾後，以為祖墓可長得安穩，誰知在民國初年，他們又要發起另一次護墓行動，上次是墳前出事，今次則是背後龍脈被掘。

原來當時有人在【半月照潭】的後山採泥，鄧氏族人認為開採的地方正是祖穴來龍的路線，一經發掘實如將龍脈斬斷，較穴前填海的情況還要嚴重，於是他們又向香港政府投訴，最後護墓行動經理民府、工務司直達副布政司，才獲解決，停止採泥。

為恐不快事件再發生，當時政府和鄧氏家族便訂定協議，政府除了不讓別人在附近山頭落葬外，還給鄧氏一個優厚價錢把【半月照潭】整個山崗買下，好給鄧氏後人妥為保護，而今日的「日旭花園」就是因此而來。另外，政府又答應將來如要在沿海一帶填海建路，亦不會起高樓大廈或煙囪之物，而只會興建公眾市場，免遮擋墓前海景。（按：戰後政府大力發展荃灣為衛星城市，當年的許諾早已作廢，墓前不單大規模填海成工業區，穴前正對的金錢熱水瓶廠更有數枝煙囪豎起，盡破名穴風水，到了1980年代，水瓶廠還改建成二十多層的工廠大廈，名穴成泡影，那是後話。）

以當時的情勢，殖民地政府居然會為一私人墓穴，如此厚待

華僑日報 WAH KIU YAT PO　星期二　一九七六年九月廿一日

元朗工業區採坭洩風水
鄧族要求官方
明確指出地點

各鄉宗親集議。決訪理民府官
發動鄧族青年大學秋祭

▲ 1976 年鄧族護墓行動的報道

華僑日報　星期一　中華民國六十五年公曆一九七六年十一月十五日

元朗取坭起風水糾紛
鄧族決護墳

三鄉子孫大會指斥削祖墳後腦請收成
集資準備採取行動控告政府

離島醫療輔助分隊
大嶼山區露營集訓
希望鼓勵青年參加服務
林樹春檢閱指出各島需要醫療隊

▲鄧族護墳行動橫跨數月

▲【燕子泊樑】

▲【燕子泊樑】穴圖

◀【燕子泊樑】碑文

香港名穴掌故鉤沉

殖民區內的本「土」人，鄧氏家族可説是三千寵愛在一身，與有榮焉了，但其實説穿了，這一切不過是英國人想籠絡民心的手段，因為在接收新界時，英軍和鄉民結下不解之血仇，特別是人口眾多的鄧氏家族，吉慶圍之役，殺傷了大批無辜婦孺，還把他們的圍門奪走，這絕對是動亂的根源，為了穩固在港的統治，英國人深明得到他們合作的重要性，於是便千方百計尋求契機向鄧氏賣好，之後才有這許多體恤民困，「尊重」鄉情之舉，揭開了底牌，不外是一場哄哄鄉人的「名穴公關」手段。

鄧氏另一次護墓行動是發生在 1976 年，這一場抗爭，交戰前的兩次行動更為激烈，因為要保護的就是他們的「聖山」——丫髻山。

丫髻山之所以重要，是因為山上葬有錦田鄧氏的一世祖和四世祖的兩座名穴——【玉女拜堂】和【仙人大座】，它們都是上八百多年的宋墳，也是香港著名的風水龍穴。

當時香港政府正大力發展多個工業邨，丫髻山面對的一大片田地就是橫州工業邨的選址，為了平整地台，政府因利乘便，就在地盤隔籬的丫髻山移山採泥，如此便驚及整個鄧氏家族，他們先是害怕祖山被毀，謂採泥如破開【玉女拜堂】的頭顱，後來還害怕工業邨大廈建得太高，把穴地的堂景掩去，於是就在元朗酒樓[1]召開全港全族的千人大會，商討對策。

1　鄧氏物業。

當時村民的反應十分激烈，為了向政府施加壓力，部份數十年足不出戶的村民亦加入抗爭行列，故意在元朗警署外擺「屎桶陣」，以行動發洩不滿。最後政府讓步，停止採泥外還答應限制工業邨的建築高度，抗議行動才結束，而兩座名穴亦得以保存大部份的原始景觀。

但不是所有鄧氏的名穴都能避過「墳毀」一劫，踏入 1990 年代，鄧氏屏山一支的重點祖墳【燕子泊樑】就面對政府收地的命運，護墓行動雖長達八年，最終亦以他遷作結。

【燕子泊樑】又名【燕子竇】，是一座建在稔灣下白泥半山上的雙月形孖墳，背山面海，立於乾隆三十七年（1772 年）八月，已有二百多年歷史，墓主是十九世祖鄧定家[2] 和庶母陳氏及次弟鄧二家[3]，主先發財後發丁。

據聞，自鄧定家葬得該地後，他的過繼孫鄧瑞泰，字輯伍，即在嘉慶九年（1804 年）中武舉，果然是先發財。及後鄧瑞泰在廣州遇上一名相士，這名相士勸他多作善舉，自然兒孫滿堂，鄧瑞泰銘記心中，後來遇上饑荒，他救濟難民不遺餘力，積陰德甚厚，一生果然得了六名兒子[4]，至今繁衍達數百人，亦正好印證【燕子泊樑】後發丁的判言。

1991 年，政府開發稔灣為垃圾堆填區，向鄧氏發出遷墳通

2　諱兆麟，號元慎。
3　諱夢月，號敦齋。
4　其中一子鄧觀廷更在道光十七年（1837 年）中舉，屏山有「觀廷書室」，便是紀念他。

▲屏山清十九世祖夢月公墓【葉底藏桃】

▲屏山清十八世鄧母陳氏墓【迴龍顧祖】

▲屏山清十九世祖元慎公墓

▶「鄧元慎墓」碑文

▲屏山形如一隻蟹，故又稱毛蟹地。

▶ 有關搬遷「鄧文蔚墓」
的新聞剪報

206

知，並願意賠償 360 萬作為遷墳費用，但當時村民不滿意政府的安排，因為有關部門始終都不肯把發展藍圖給村民參考，背後似另有動機，所以村民便一直和政府僵持着，千方百計希望保下這座風水名穴，及後至 1995 年，政府再不理會村民的反對，在 4 月 28 日的憲報上，強令屏山村民於一個月內把祖墳遷走，否則便引用《公眾衛生及文康市政條例》把墳內骸骨移去，還對外放風說如鄧氏合作的話，會得到 170 萬作補償，否則政府將倒過來損失 11 億 4,000 萬，使市民直覺村民貪得無厭，企圖製造輿論壓力，迫村民就範。

但事實是，村民根本並不在意賠償多少，他們計較的是未能找回一幅風水地來移葬先人，所以他們便反要求政府以「風水補償風水」，把屏山警署作交換，好去掉這座一直被視為英國人刻意建在當地，用來鎮壓屏山的眼中釘[5]。而為了迫政府讓步，村民還把屏山文物徑中覲廷書室、清暑軒和洪聖宮無限期封閉。

經過雙方不斷的商議，在 1997 年初，彼此終於作出突破，村民同意先把祖墳遷往他處，其後是政府賠償 184 萬，另加八項條件，當中包括把屏山警署改作歷史博物館。一場歷時八年的護墓行動才算暫時休止。

現今，【燕子泊樑】一分為三，鄧定家遷葬屏山嶺，陳氏和鄧二家則分前後葬於丫髻山庸園後的山頭。不過，事件到 1999

5　屏山地形是「毛蟹地」，警署建在上面，恍如「大石壓死蟹」。

▲【獺地】

▶【獺地】碑文

◀ 為保留【獺
地】，政
府在墓前
建高架橋。

香港名穴掌故鈎沉

年尾還留有餘波，原本政府應承把屏山警署改作博物館，但遲遲未見動工，新界交通總部仍設在警署內，故此村民繼續關閉文物徑部份古蹟，以作抗議。名穴為後人帶來福氣，誰知亦為後人帶來勞氣。

正當屏山鄧氏遷墳問題仍未徹底解決之際，錦田鄧氏的運氣似較族人為佳，1994 年所接獲的遷墳令，幾經爭取，已於 1998 年得出結果，政府願意改圖則，讓祖墳留下，而這個幸運名穴的主人就是連《新安縣志》也有記載的錦田十七世祖鄧文蔚[6]。

鄧文蔚，字豹生，號泉菴，是順治十四年（1657 年）的鄉貢生，在康熙二十四年（1685 年）中進士，授浙江衢州府龍游縣知縣，可惜上任不久便去世，葬回家鄉錦田凹頭，及後垂數百年，因近代興建公路，鄧墓遷葬八鄉馬鞍崗橫坑，穴名【獺地】。他少年家貧，為人苦學，閒時斬柴捕魚幫補家計，著有《燕臺新藝》一書存世。

在清初，鄧文蔚是整個鄧族的風雲人物，他不單重新編纂《鄧氏族譜》和在東莞縣城建造都慶堂祠堂，還着手重修【玉女拜堂】和【半月照潭】，而在東莞石井獅子嶺【獅子滾毬】（「皇姑墳」）的墓誌銘，也是由他找來引師蔡升元所寫的，至於他對出生地錦田最大的貢獻，就是建成鎮銳鋗鄧公祠（茂荊堂），及和鄧皆悦

6　這個十七世是由鄧元亮起計，而非由鄧漢黻開始。

興建泰康圍圍牆以抗盜賊[7]。現今在祠堂村，還有一座紀念他的龍游尹泉菴鄧公祠。

當年，由於政府要興建三號幹線公路郊野公園段，路線剛好經過【獺地】，因此下令鄧氏族人把它搬遷，消息傳出後，族人大力反對，整個錦田墟也掛滿了抗議橫額，後幾經交涉，政府終讓步，願意改動原本的道路設計，加建一條天橋從頭頂避過【獺地】，好使這座名穴能保存原貌。而為了彌補被破壞的名穴風水，免村民遇上凶劫，政府還出錢做了一場「薑符」的法事，好安定民心，至此一場名穴風波來得快時，去也快，這未知是政府學乖了，還是村民易相與了。

後記

上水廖氏在大埔和合石大埔公路旁有一座三世祖廖如璧夫婦的墳塋，名【側面虎】，已有四百多年歷史，在興建第二期新界環迴公路時，亦被政府迫遷，後因廖族極力反對，政府才改圖則，只削去半個山頭，並以巨型護土牆加以保護，能夠尊重民情，保存文物，政府的做法值得讚賞。

回說當年英國人興建屏山警署，也真的有作為監控附近一帶村莊的意圖，因為自始至終他們都信不過這群曾作抵抗的原居民，所以他們便選下這個在平原上的山崗作為戰略據點，監視村

7　現只殘存部份。

民的一舉一動,至於當中有否風水相剋的考慮,卻是不得而知,也許是湊巧吧!

當日屏山村民遷葬【燕子泊樑】原來有一段驚險的經歷。話說鄧氏答應遷墓後,早早便請工人去起三位先人的金塔,但非常奇怪,工人連日掘遍了拜堂、墳背及兩邊墓手都遍找不獲,如此直到最後一日,政府聲明時間一到即要爆山,要收地進場了,還是毫無發現。當時幾位在場的父老都焦急萬分,在苦無辦法下,惟有再要求政府人員寬延多 45 分鐘,以盡人事,而就在這生死存亡之際,突有工人報告說在墓地背後,離墳頭約二十多米遠的地下掘到了大石塊,有父老聽見此事,心想地下有石塊,即龍脈所在,金塔定必藏於石塊附近,竟福至心靈,馬上叫工人就地深挖,果然離地也不甚深,便發現了三金塔,於是立即移走,在爆山前安全撤離,情況可說是險過剃頭!

言人人殊，香港十大名穴的候選名單

　　每逢假日，不少風水師傅都會帶領學生到一些名穴「覆墳」，意即實地考察，把書本知識放到現實中互相參照，而被選中「實習」的這批熱門名穴，大多在堪輿界中享負盛名，但要數其中十個最具代表性的，卻非人人相同。

　　風水雜誌《奇聞》在 1990 年代初，曾先後請得兩位資深風水師傅黃文超和廖志雄撰文選出心目中的十大名穴。黃文超先生（觀龍）所取的十大名穴，依次分別是：【玉女拜堂】、【金鐘覆火】、【半月照潭】、【仙人大座】、【狐狸過水】、【海螺吐肉】、【鰲地】、【蝦公地】、「孫母墓」及「何東祖墓」。

　　這十個選擇的最大特色，是其中七個都屬〔迴龍顧祖〕格局（只有【半月照潭】、「孫母墓」和【鰲地】不是），主速發而歷久不衰。（有關〔迴龍顧祖〕的內容請參閱「何東祖墓」一章。）

　　廖志雄先生（廖玄空）所定出的十大是：「孫母墓」、【半月照潭】、【荷葉跋龜】、【海螺吐肉】、【仙人大座】、【玉女拜堂】、【皇姑墓】、【金鐘覆火】、【狐狸過水】和【麒麟吐玉書】。[1] 另外，宋韶光先生 1984 年出版的《為你解風水》一

---

[1]　十者中，廖先生選的【皇姑墓】，被雜誌標明是在錦田的，但香港的皇姑應只得鄧氏家族的一個，其墓當在東莞，但觀其插圖，又肯定不是，未知是否編輯有誤！

香港名穴掌故鉤沉

212

▲【猛虎獵龜蛇】

▶【猛虎獵龜蛇】碑文

書亦曾標出十一個名穴,雖然書中並沒有直言排次,但從他介紹的先後次序,亦可知宋氏的心意,其依次是:「孫母墓」、【海螺吐肉】、【鰲地】、【麒麟吐玉書】、【荷葉跋龜】、【金鐘覆火】、【仙人大座】、【玉女拜堂】、【草鞋穴】、【浮雲湧日】和【半月照潭】。

上述的名穴,位於流浮山的【草鞋穴】因政府收地,1990年代初已消失。這穴因五穴相連,而其中最右一穴略小,恍似人的五隻腳指,故名。

另一穴【浮雲湧日】,墓主是鄧氏厦村上房開基祖鄧洪贊,他乃錦田九村共祖鄧洪儀之弟,墓穴位於屯門大興村附近,因移山填海,地貌改變,風水已大不及從前。

除了《為你解風水》外,1991年10月的《天天日報》追擊版訪問了風水師傅報君知,他亦列出十三處名穴,分別是「孫母墓」、「曾貫萬墓」[2]、【海螺吐肉】、【螳螂捕蟬】(流水響水塘)、【飛鷹打兔】(粉嶺坪輋)、【黃龍出洞】、【荷葉跋龜】、【飛鳳啣書】(上水華山)、【麒麟吐玉書】、【玉女拜堂】、【半月照潭】、【猛虎獵龜蛇】(八鄉大刀岃山腰)和【仙人大座】。

上述的名穴之選,或因門派各異,或因眼光有別,儘管互有不同,但小作統計,其中有五處名穴是全部中選的,包括「孫母

2　原位於大埔長瀝尾稔凹,1990年代因墓前山泥傾瀉,已遷葬回曾大屋附近的水泉澳葬區。

▲厦村鄧氏【五龍爭珠】

▲厦村鄧氏【獅子望樓臺】

▲ 錦田鄧氏【五點梅花】

▲ 屯門陶氏【獅子望樓臺】

墓」、【海螺吐肉】、【玉女拜堂】、【半月照潭】和【仙人大座】。又這五穴中「孫母墓」全皆首選，可説是十大名穴之冠。

另外，鄧氏祖墳五佔其三，可證鄧氏九百年來興旺之源，但可惜三者的明堂穴景在今天已大不如前，觀賞之際難免掀起滄海桑田的感慨，如今錦田和橫洲發展在即，又不知有多少名穴遭殃了。

後記

提起十大名穴，筆者過去近二十年，恆常追隨各鄉大族登山拜祭先人，目的是記錄他們的開基祖、分房祖或族內著名古人的墓地，好從中考證史實，並抄拍碑文作記，數目約有幾百座，然而當中最深印象者，卻非風水名穴，而是一些要頗費氣力方能到達的「甘穴」。

這些「甘穴」清一色有一特點，就是葬得非常之高，而且路途遙遠，縱使今日新界的道路四通八達，郊野行山徑處處，但要拜祭這些墓地，其子孫依然無捷徑可言，只能憑毅力孝心，捧着祭品，沿途手腳並用，上山落澗，披荊斬棘的步行大半天前往（部份真的要斬草開路上山），所以每次我跟鄉民祭祖，若遇上這等「甘穴」，對他們堅守傳統的意志，心裏都是萬分佩服，敬意油然而生！

這些「甘穴」數目頗多，當中我挑了十個最深印象的出來，

權作「十大甘穴」以供諸讀者一晒，計有：上禾坑李氏的【倒插金釵】（橫山腳）、廈村鄧氏的【五龍爭珠】（青山）和【獅子望樓臺】（靈渡山）、屏山的【犀牛望月】（青山）、錦田鄧氏的【五點梅花】（大刀岈）、龍鼓灘劉氏【貓兒洗臉】（花香爐）、【側角牛】（青山）和【虎地】（花香爐）、屯門陶氏的【獅子望樓臺】（靈渡山）和石埗林氏的【將軍勒馬】（丹桂村水塘山上）。

　　以上「十大甘穴」純屬筆者個人感受，環顧全港，在高山的名穴數目又何止千百？所謂一山還有一山高，筆者能力所限，也許少見多怪，還望讀者諸君萬勿見笑。

香港名穴掌故鈎沉

古墳會出聲？揭美國賭王陳天申 【真武步龜】墓真相

　　【真武步龜】是粉嶺區內一處名穴，它的出名，除了風水勝人一籌之外，還有一處罕見的地方，就是它會發聲⋯⋯

　　這個奇穴又有風水師稱之為【玄武踏龜蛇】，因墓前左右的山勢，一似長蛇，一似烏龜之故。墓建在蓬瀛仙館所處的蝴蝶山[1]之上，墳前豎有一對名望柱，證明葬的是有官銜之人。

　　據碑上所記，墓主是清朝二品資政大夫[2]陳錫鴻（字樹芬）和他的夫人何氏。整個墳面積一般，作三重護環設計，但墓碑卻約有四尺高，碑面上部刻有象徵福氣的蝠鼠浮雕圖案，古意盎然。若在拜桌上用手輕拍，墓內會傳出好像敲打鑼鼓的「蓬」、「蓬」聲，屢試不爽，許多人都給這奇怪現象嚇倒，以為是甚麼古靈精怪的事，實則是和名穴風水有關。

　　這種術家稱為「應如桴鼓」的情況，風水理論叫「離棺縮土」或是「離金[3]縮土」，是只有真正的龍穴才會出現。道理是先人的棺木或金塔被埋進穴中，最初是給四周的泥土緊密包藏，不會留有任何罅隙，但由於來龍的「氣」非常強勁，猛灌進穴後，使棺

1　土名青山。
2　「二品資政大夫」之銜屬封贈性質，無實職實權。
3　金指金塔。

▲【真武步龜】

◀【真武步龜】墓碑

木或金塔膨脹，把泥土迫開了，最後便形成空間，所以人們在上面拍打，聲波便在墳下產生共鳴，而發出聲響，看來那位來自湖南的風水先生蘇味峰確真有兩下子。

有關「離金縮土」一事，在河上鄉《侯氏族譜》也有記載，

譜中記言，當年為了一個有「離金縮土」現象的祖穴，侯氏跟另一姓氏的村民起了爭執，結果弄出人命，從中可知這種穴地是何等珍稀罕見。

後記

一直以來，都不知道【真武步龜】墓主陳錫鴻的身份背景，近年終獲突破，友人馮佩珊女士熱心研究本地名人軼事，她發現原來這位陳錫鴻，就是鼎鼎大名在美國成名的賭王陳天申。

陳天申（1849-1925 年）是台山[4]斗山塱尾槎洲村人，出自書香門第，其台山一世祖陳遇夫、二世祖陳瀚是康熙朝解元，他乃七世祖，屬第八房，是台山最早一批出外謀生的華僑，他除了刻在墓碑上的名和字，還自號賚堂。陳天申在 1880 年代為舊金山最著名的賭商，也是加州各地賭館的領袖。他晚年到港定居，篤信仙佛，在港澳兩地共建了四間廟宇[5]，當中包括著名的太平山街孖廟，廟中供奉的綏靖伯陳仲真，就是他故鄉的神靈。

【真武步龜】墓碑邊刻有「民國三年湖南蕭味峰先生指扦」一行字，陳天申是 1925 年去世的，墓卻是 1914 年立的，兩者相差十一年，未知原因為何！

蝴蝶山是粉嶺彭氏的祖山，外姓人要在山上下葬，必先向彭

4　1914 年前稱新寧縣。
5　四間廟包括太平山街 26 號的觀音廟，仲有太平山街 38 號的天后宮及綏靖伯廟，在澳門的是澳門福慶街 6、8、10 號的黃曹二仙廟。

▲ 一張珍貴的網上相片，年份不詳。在英軍
徽號下的墓地，其左右各有一名望柱，即
早年的【真武步龜】。

▲《華字日報》1902 年 1 月 27 日一
則陳天申發出的太平山新孖廟進
伙啟事

族購買土地，所以葬到山上的多是有錢人，以陳天申的時譽和能
力，那當然是伸手可及了。

　　據一位七十多歲的彭老先生憶述，當他還只得幾歲時，現今
粉嶺火車站一帶還是大片荒地，是村中小童放牛的好地方。由於
是上山必經之路，一到清明重陽，他便會看見陳氏後人乘火車來
祭祖，而陳氏後人則十分慷慨，每次見他和一眾牧童跟着來時，
例必打賞一毫或「斗零」作利是錢，逗得小朋友們十分歡喜。

鬧市隱穴，動不得的黃大仙廟外 【出水龜】

　　黃大仙祠是香港著名的道教叢林，香火鼎盛，但許多人也不知道，在黃大仙祠正門外側矮牆內，秘密地存在一座【出水龜】名穴。二百年來九龍半島經歷翻天覆地之變，但它卻安然處身獅子山下，不為甚麼，只為它是南宋年間開基竹園蒲崗村的林氏後人祖墳，但來頭更大的，是這族人的先世正是天后娘娘林默娘。

　　天后深得南中國以至東南亞沿海居民的信奉，香港信天后的人自然極多，但不少人只知道她是福建人，卻不知她有族人聚居本地，據香港《林氏族譜》所載，她是林氏家族五代時後人林愿的女兒。林愿為五代巡檢，居福建蒲田縣湄州島，妻子王氏生三子六女，林默娘是幼女，因出生至滿月都沒有哭過一聲，所以取名「默娘」。

　　林姓是福建望族，自古即有廣東陳，天下李，福建林之說，傳聞在南宋年間，賴布衣為林家點下一「三日不出林」發丁奇穴，意即別人走上三天的路，遇的也是姓林的人，香港林氏即林愿一脈的後代，論輩份，天后便是他們的姑婆，所以不少族人都暱稱天后為林家大姑。

　　林氏家族在港開村已越八百多年，開基祖林長勝約居於今大

▲【出水龜】

► 多年來【出水龜】因圍
牆所隔，雖處身鬧市，亦
不為人知。

▲【出水龜】墓碑

十三世祖喬德公字
敦延公所生之子名喬德即
嫡妣周氏生一子

▲《林氏家譜》中的【出水龜】穴圖

磡村一帶，南宋時那裏叫彭蒲圍。他的後人在港多以行船耕種為業，香港最早建成的佛堂門天后廟，即是林長勝的曾孫林道義（四世祖）在南宋理宗（1225-1264 年）初年興建，為的是紀念天后救了他的父親林松堅和叔叔林柏堅的性命，而【出水龜】就是明朝林氏十一世祖林乾藝和十二世祖林敬廷父子合葬的墓塚。

現在的黃大仙祠，清時叫白沙埔，本是一個遍植竹林的山崗，面朝的廣闊平地全是西洋菜田，【出水龜】以獅子山[1]作為靠山，前向蒲崗山[2]，由於側看兩個山崗「前小後大」像一隻龜，而龜頭對着的全是水汪汪的西洋菜田，故名，穴就點在龜口，主發財。最初墓葬的只有林乾藝一人，但在 1816 年，不知何故，其後人卻把他兒子林敬廷由白椰樹（？）遷來共墓，但到了如今，據知墓裏葬的就只剩林敬廷的骨殖，反而他的父親就只有陪葬器物。

林乾藝的屍骨失蹤，有傳是和清初順治皇帝為了對付台灣鄭成功，頒下遷海令有關。

當年清政府為了截斷所有對台灣的物品供應，竟然不顧一切，要沿海所有村民移入內陸居住。康熙年間，清廷就連下三次遷海令，那時隸屬新安縣管治的香港，自沙頭角至新田以南的各大小村落都不能免，竹園村林氏也受牽連。

那段日子，林氏家族人口流散，許多先人的墳塋因來不及移

1　古稱虎頭山。
2　即舊啟德遊樂場的小崗及新蒲崗工業區全境。

走，漸漸荒蕪失祭，林乾藝墓恐怕就是這個原因被棄，以致屍骨遺散，後人也不知道，直到一百數十年後，他的子孫重修祖墓時，才發現只餘下劍器二節，銅錢兩文，只好把這些東西和墓內黃泥一團、香頭一座，寫上林乾藝的追號「天香公」，放入金埕中下葬作罷。

【出水龜】這墓自黃大仙祠興旺以來，給販商所蓋搭的鐵皮屋圍着，數十年間隱沒在鬧市之中，除卻林姓子孫外，不為人知，在 1986 年政府清拆附近寮屋後，才再引來別人留意。

在【出水龜】旁還有一墓碑，上刻林氏十一十二十三世六位先人的名字，每逢清明重陽，林氏後人仍會到來拜祭。

後記

林氏家族在清初連遭厄運，除了遷海令使全村人口大量流失，在 1676 年（康熙十五年），更有台灣海盜入村劫殺，林氏十三世喬字輩的子孫，幾遭殺絕，只有數名出外放牛或上學的族人幸免於難，在【出水龜】旁墓碑上的六位先人，其中十三世祖林喬德就是賊殺身殉，而另有「福德林公」四字，是紀念一眾遭難的林姓族人，由於在劫村後林喬德屍骸失蹤，他的十七世裔孫林大習在 1815 年修墓時，以銀牌刻上林喬德的名號下葬。

有關佛堂門大廟的興建，香港流傳一玄妙典故，說林氏兄弟在海上遇風後，船貨盡失，幸死抱「林氏大姑」的神像，安全飄

▲ 佛堂門天后古廟跟【出水龜】的林氏家族關係密切

浮到東龍島[3]，他們為感謝神恩，便在島上建一廟祀奉林氏大姑，但誰知每逢廟內燒元寶和敲鐘，總不見薰煙和鐘聲，反而對岸的田下山半島[4]，卻香煙飄渺鐘聲四起，所以當時民間就有兩句歌謠唱道：「南堂敲鐘北堂響，南堂焚寶北堂煙。」

　　由於發生這些奇事，林家就認為這是「姑婆」的旨意，希望在對海的田下半島安身，便在半島南部建了「北堂天后廟」，由林家世代打理，成為全港天后廟之宗，而南堂的舊廟便逐漸甩空，今天已經難尋下落。

　　有關【出水龜】近事，筆者另有文章見於《香港民間風土記憶（四）》。

3　古稱南佛堂。
4　古稱北堂，即今日大廟位置。

丸仔細細功效大的「霍英東祖墓」

霍英東（1922-2006年）這個名字對上一代的香港人來說，無人不曉，在李嘉誠還未發跡之時，他已是香港的地產大王，1967年暴動前，香港地標之一的尖沙咀星光行，就是他的物業。

他七歲喪父，在一個水上家庭長大，有傳他能由一名窮小子「蜑家仔」，扶搖直上而成為億萬富豪，全賴其祖父霍達潮安葬在青衣島上一處其貌不揚的名穴所致。這座名穴今天仍在，其位置就在担杆山路青衣船塢對上的山頭，臉朝藍巴勒海峽，遠對下花山一帶山頭[1]，只是如今為公路所擋，入口隱蔽，堂景全無，更在高架天橋之下，所以才一直不為外人注意[2]。

霍達潮祖籍廣東番禺練溪村，在20世紀初，他為了生活，由鄉間來到香港謀生，在青衣島落腳，後來娶妻楊氏，生三子[3]，次子霍耀榮（耀容）就是霍英東的父親。

在六七十年前，青衣島住有很多水上人[4]，那時島上有兩戶人家靠賣清水給艇戶為生，一戶姓張，另一戶就是霍英東一家。由於是家族生意，霍英東幼時亦會幫上忙，所以島上許多人都曉得

1　有風水師言此穴地屬【迴龍顧祖】格局。
2　有一派風水家言，若然龍穴生效，後人興旺，縱然墓穴簡陋或輕有殘破，亦不必大興土木，豪裝只是外觀，不及名穴的自然環境重要，所以鄉間有不少名穴都是泥墳一座，而霍家祖墳外觀數十年如一日，是刻意為之，非無人監顧，其理如此。
3　長耀德、次耀榮（耀容）、三耀顯。
4　島上另有多條中小型客家村，有陳、鄧等姓。

香港名穴掌故鉤沉

▲「霍英東祖墓」

▲墓主是霍英東的祖父

◀「霍英東祖墓」外形簡陋粗
　糙，卻不妨龍真穴的。

▶ 在附葬者之中，
　霍耀容即霍英
　東之父，他在
　霍英東七歲時
　患病去世。

他，人人都叫霍英東做東仔。

　　霍英東讀書聰明，且很年輕已四出闖天下，但可惜失敗的多，一直都出不了頭，直到韓戰期間（1950-1953年），他的命運才起了變化，順風順水，生意越做越大，所以很多人都說是葬下祖父霍達潮的名穴催發了他，而他在發跡後，雖然已遷出青衣島，但每年清明節，他仍會親自乘船回到島上拜祭，沒有因發達了而忘本。

　　「霍氏祖墳」內堂面積細小，容不下兩人同祭，四周被樹木和石頭圍繞，墓形像陷進地面的鎖匙孔，沒有任何裝飾，只有小小的一塊麻石碑，上書「番邑霍達朝（潮）公之墓」，為戊寅年七月初五日眾子孫立，即1938年，在墓的左右，各有三塊石碑，應同是霍家先人，當中就有霍英東之父霍耀容。

　　說實，整個墓外形粗糙，沒有砌磚或三合土批盪，更毋論金雕玉砌的財主佬墓式建築，一點也不起眼，只像個貧窮人家的墓地，完全跟霍家的富豪氣派扯不上一點關係，要對人說它是個富貴龍穴，還真得大費唇舌，慶幸地方尚算整潔，雖然處身樹林中，似經常有人打理，枯葉甚少，而惟一較引人注目的，就只得墳前一個鮮紅色的大香爐。

　　但大家千萬不可看輕這個墓穴，據知當年「霍氏祖墳」起骨時，執骨師父發覺墓內土色金黃，骨殖呈金黃色，那是「龍氣」十足的名穴才有的特點，整個墓可是禾桿冚珍珠呢！成藥保濟丸

▲霍英東讀書聰明，是皇仁學生。

▲霍英東

昔日有廣告自言「丸仔細細功效大」，這穴霍氏祖地亦堪此相稱。

後記

在【霍氏祖墳】稍低處另有一穴，據那位執骨師父言，棺木罕有地深入地底丈多，傳聞墓主後人在中環擁有一條街的「冧巴」。

青衣島細小，但島上也有不少名穴，有記錄者如【童子看書】、【倒錢入櫃】、【燕子扶樑】、【金龜出水】、【風吹羅帶】、【豬肝吊膽】、【倒插金釵】等，惟多集中在臉朝大霧山一邊。

建壽基百密一疏，
西貢「鄺氏墓」功虧一簣

「鄺氏墓」是西貢羊洲島上一座香港罕見的大型「壽基」。

「壽基」或稱「生基」，是一種「中空」的墳墓，古人喜好預先尋找墓地，當覓得龍穴後，便把自己的年生八字放入空墳中，深信藉着風水秘術之助，先吸取地靈，好延年增壽，趨吉避災。據史書記載，古時一些風水大師，如楊筠松、曾文辿、賴文俊等亦曾自卜壽基，所以這種「生人霸死地」的觀念深入民間，不少富人都不惜千金早作壽藏，祈求多福。像 1990 年代的潮州就極為盛行，但礙於香港地少人多，自建壽基的風氣一直都不普及。

「鄺氏墓」建於 1959 年，面積宏大，作三重環式設計，由於孤島上無甚建築，初建這座墳墓時，綠坡上一座巨大的白墳，矚目非常，外人遠遠即能看見，但四十年後卻野草叢生，似遭廢棄，據知其墓主是一名鄺姓戲院老闆，他是九龍城的大地主，已拆卸的九龍城某戲院就是他的物業。

千辛萬苦經營的生基巨墳卻成荒塚，這內裏究竟有甚麼乾坤呢？

話說當年，這名鄺老闆不知從哪裏聽來，說西貢羊洲，島形

香港名穴掌故鈎沉

▲ 欲獨佔鰲頭的「鄺氏墓」

▼ 「鄺氏墓」遭棄後生滿野草（圓圈）

▲ 在西貢海遠眺清水灣的釣魚翁山

► 壽基在香港並不罕見，此墓在元朗四排石，碑上明言乃壽基，喝名【丹鳳啣書】。

極像一隻鰲魚，風水很好，如能在鰲島上建墳，即是「獨佔鰲頭」，定能旺及子孫，他便信以為真。恰好香港政府早年是准許私人租用西貢小島的，好像橋咀島就曾被葉志銘[1]租用，牙鷹洲就被前西貢鄉委會主席李潤壽租用等，於是便入紙申請，好防別人捷足先登。及後政府果然批了他的要求，為此他就在島南大興

1 女藝人葉玉卿的哥哥。

土木預建壽藏，並把小島改名獨鰲洲，一心以待百年歸老之用。

不過，這位鄺老闆的風水好夢很快就遭人驚破，事緣有人提醒他，說「鄺氏墓」正遙對着清水灣的釣魚翁山，釣魚翁是專啄食魚兒的飛鳥，它面對獨鰲洲，隨時把鰲魚啄去，那是形格相剋，於風水實是大大不利。這回可嚇怕了鄺老闆，但他錢是花了，心血也耗上了，哪能如此白白浪費？惟今之計便是四出尋求祈禳之法，好化煞消災。及後他果得「高人」指點，竟把逝世的妻子葬到釣魚翁山上，說是以作鎮壓之用，如此一來，夫妻兩穴被迫隔海相對，實不知是風水助人抑或風水累人了。

後記

有人謂鄺老闆上述之舉實是杞人憂天，因為鰲是大龜一種，而並非魚類，釣魚翁是不啄大龜的，所以根本就不用介懷相剋之事。一字之誤卻害得人勞師動眾，不禁令人搖頭苦笑。

由於搬運材料到島上是靠大批小艇接駁，當年起壽基一事，轟動了整個西貢墟，到今天，提起羊洲「鄺氏墓」，西貢碼頭仍是無人不曉。

有所謂生紅死綠，香港某些墓地，特別是潮州師父所造的墳，碑上男女墓主名字若用紅漆上色，那代表造葬時他們其中一人還未過身，日後若他們百年歸老，子孫就要把它髹回金色，但各處鄉村各處例，這種做法並非一成不變。

古今風水軼聞五則

軼聞一

　　古人篤信風水之説，豪門大族甚或有自聘風水先生作長期顧問，一切起居飲食，全由主家包辦，甚或照顧其生死。清嘉慶年間，新界有一名江右風水先生鍾定邦[1]，他為河上鄉侯氏點下幾穴地後，被言有恩於全族，侯氏族人便在他死後，於金鼎嶺前北邊村內的儒林第，設立其神位，好世代配祀，以示不敢忘恩。

軼聞二

　　香港第一宗有記的名穴命案，極有可能發生在 1872 年。據《侯氏族譜》所載，那年侯氏族人因和粉嶺彭丙章爭論其二十二世祖侯炳武移葬後的地權，雙方起鬥，害了河上鄉叔侄一命。[2] 後來為了平息風波，侯氏族人甘願移走祖穴，誰知起骨時，發現有離金縮土的現象，知是真龍穴，便決定再葬回去。（按：有關「離金縮土」，請參看【真武步龜】一章。）

1　又名鍾苑聲。由於古人認為「西」字不吉利，恰巧「西」在羅盤上的位置是右邊，所以稱江西為江右。此人也為泰亨文氏在蓮澳點下一穴名地。
2　按理叔侄被殺，當是指叔和侄兩人，卻不知如何只是一命，原文是：「⋯⋯以致與動干戈，致斃河上鄉叔侄一命⋯⋯。」

▲風水師鍾定邦在河上鄉儒林第內的神位

▲位於沙頭角馬尾下的侯迪吉墓,是一個衣冠塚。

▶ 侯迪吉墓正穴碑
文,此穴地喝名
【馬地】。

軼聞三

古人如遇有先人失祭，骨殖不知所終時，如要重建墳塋，就書寫先人的名字和年生八字在一銀牌上，葬入墓中，好像侯氏的元十世祖侯迪吉，是新界侯氏在丙岡、金錢和孔嶺三村的共祖，原葬東莞羅村，失祭後便以銀牌安葬馬尾下。又獅子山下竹園林氏【出水龜】，其十三世祖林喬德因賊亂失金，他的後人便以刻上他名字的銀牌下葬。

軼聞四

今人有言陰宅風水的，每多沽名釣譽之徒，他們的方法有四：

一是不做功課，只現成背讀別處風水名家所得，不上山覆墳，不實地考察，把別人所見，一聲不響據為己有，在學生面前吹噓為個人心得。

二是名穴子孫請為修百年祖墳，卻在名穴上刻下自己名字，叨前賢的光，照自己對腳，實無異鵲巢鳩佔。

三是別人點下名穴，冇去當有去，乘別人無從考證，說成是自己發現。

四是喜出風頭，在自己點下的墳碑刻上姓名，卻不知學藝不精，亂點假穴，害得主人家雞毛鴨血，憤而把他的名字從碑上鑿去[3]。

3　此墓在妙法寺後山之上。

▶ 風水師以土地碑
招財，手法獨特。

▶ 不明其理的連環
碑設計

軼聞五

　　西貢老鼠田有多座怪墳形如蜘蛛，當中一穴，風水先生不在
主碑上刻名，反在墓旁的土地碑上署名，另立碑向（與主碑不
同），術家稱這種做法是要以土地碑接另一方的財氣。而附近有
一墳，一前一後，豎了兩塊相同的墓碑，不知風水師父用意若
何？

239

伸手觸案發大財的【獅子笑天】

　　西貢清水灣孟公屋村有一奇穴，它的奇不在於四周地理風水，而在墳形，因為墓主的後人把整座墓穴建成一個獅子頭的模樣，不單眼耳口鼻一應俱全，還作仰天狂笑狀，堪稱全港獨有，這個咁 high 的名穴就叫做【獅子笑天】。

　　【獅子笑天】葬的是將軍澳坑口機器大王劉樹棠的母親邱氏，自葬這卦山後，劉樹棠由普通的一名機器學徒，突然時來運轉，在坑口建立了他的機器和造船王國，百年後的今天其事蹟仍為西貢居民所津津樂道。

　　話說清末時期，將軍澳還是一處荒蕪的地方，只有數條村莊，村民生活艱苦，其中一條小村，由於位處山上孟公屋大水坑的出海口，村民就叫那處做坑口。在 1867 年，坑口上洋村一農民劉君爵生了一名兒子，他就是劉樹棠，由於家裏三餐不繼，他的父母再不想自己的兒子靠耕種打魚為生，便藉親戚的介紹，把只得 13 歲的劉樹棠送往市區的渣甸船廠當學徒，好得一技傍身。果然，劉氏父母的一番心血並沒有白費，劉樹棠在外十多年間，除了學得一門手藝外，還儲了一筆本錢回家，於是他便在坑口開了一間小修船廠，當起老闆來，那便是後來同泰機器廠和造船廠的前身了。

▲【獅子笑天】

▶【獅子笑天】墓碑,當中
的「悦品」就是劉樹棠。

　　自從劉樹棠在坑口開設工廠後，不知何故，竟引來其他村民紛紛來開店做生意，漸漸把整個坑口區弄得熱鬧起來，成為將軍澳的墟市，開有各式店舖數十家，居民八十多戶。不過，劉樹棠真正發跡是在 1907 年之後，那時他買了一條汽船穿梭筲箕灣和坑口之間，成為整區居民對外的交通命脈（按：由於沒有西貢和清水灣公路，居民出外，以前一直只靠坐搖船和步行），生意滔滔為他賺來大量資金，他便利用這批錢發展自己的船隊，鼎盛時期，他更擁有大輪船往來香港和越南，而那年剛好是他母親下葬【獅子笑天】後的第三年。

　　【獅子笑天】點在孟公屋村公立小學對上的山坡，面向西貢牛尾海，直望就是廈門灣以及西貢群山，明堂廣闊，風光明媚，有言這個穴的得來全因為劉樹棠的一次偶遇。

　　話說劉樹棠的母親是井欄樹人，她在 1905 年去世，剛好那年冬天，一名來自江南的風水先生追尋龍脈到西貢孟公屋來，在村旁覓得一處面對「應心一字案」的名穴。所謂「一字案」，是指這穴前方對着一條一字橫陳的山脊，而剛好這山脊的高度是在穴前的半腰位[1]，暗合「古人一字值千金，高要齊眉低齊心」的口訣，加上這案山離名穴十分近，一如錦田【鐵鑪墳】的「伸手摸着案，定當發財斷」，於是那風水先生便認定那是一處發財穴，正待尋找有緣人相告，卻不期然遇上剛好丁母憂的劉樹棠，風水

1　相對心臟於一個人的身高位置，故叫應心或齊心。

▲【獅子笑天】前面的山脊，因打橫而過，故稱「一字案」。

▲劉樹棠

◀近看【獅子笑天】的獅眼

243

先生便帶他到穴地察看，由於地近坑口故居，加上【獅子笑天】的名字正合劉樹棠的豪邁個性，二人一拍即合，他馬上安葬母親，穴就點在獅子口中，結果一場偶遇，往後便蔭發了他的一番事業。

那名江南地師為了凸顯【獅子笑天】的「笑天」本色，更故意把墳形砌成一個獅子頭狀，還把兩邊護手伸開外揚，放棄傳統的兩邊彎回成拱狀，就像獅子大笑得嘴角上翹，以求名實相副，更發揮龍穴的功效。

後記

【獅子笑天】墳前在 1980 年附葬了另一墓，上書「劉門馮氏夫人之墓」，想是劉家的媳婦。劉樹棠發跡後，由於深信是得名穴之助，嘗言自己「家山發」，於是便改名劉發，他一生共有妻妾九人，生八子十三女，影星尤敏就是他的外孫女，粵劇老倌白玉堂則是他的女婿。在 1928 年，他更被委任為保良局總理。

龍鼓灘【猛虎跳牆】
蔭出新界皇帝劉皇發

　　論中國的民間掌故，風水掌故所佔的比重頗大，不少筆記小說都有名穴蔭生帝王將相的記載。香港雖然地方小，但古往今來亦出不過少饒有趣味的名穴掌故，古老的如錦田鄧氏開基祖鄧符協點下丫髻山【玉女拜堂】安葬曾祖父骨殖，四代之後便蔭生了個稅院郡馬婚配宋宗姬趙氏；近代的則有飛鵝山百花林的孫母墓，孫母下葬不足一年即蔭發其子革命成功，推翻千年帝制，做了臨時大總統。

　　近日，有新界王之稱的發叔——劉皇發先生逝世，突有不少人對其家族墓地生出興趣，認為發叔能夠統領新界二十七鄉七百多條鄉村越三十餘年，其間團結各大鄉頭，盡顯強人本色，其領導能力絕非單憑後天可得，應是靠名穴祖蔭相助，方能奏效，否則一條位處偏遠的客家小村，如何能生出一位王者來？

　　有關此說，實非新意，因在龍鼓灘劉氏族人之間，早便有一處石中龍穴助發叔飛黃騰達的傳聞。

　　在風水學中有一種看法，認為祖先葬在翠綠的山野，其後代會生出清秀的文人；反之，如祖墳四周盡是嶙峋巨石，便會生出威猛的強人。若大家乘車由屯門公路入青山，相信一定會看到，

▲【猛虎跳牆】

▶【猛虎跳牆】碑文，當中「升麟」
就是劉皇發之父劉天生。

▲【猛虎跳牆】正向就是今稱的白海豚山背

香港名穴掌故鈎沉

在大欖往屯門一帶的山巒，盡是大小岩石，恍如粒粒毒瘤，惡形惡相，而此情況一直向西伸延，在龍鼓灘一帶尤為「兇猛」。

龍鼓灘位於新界西部邊陲，地理環境差劣，其五條主要的村落——北望、上南望、下南望（原稱南望，最早出現）、篤尾涌和沙埔崗（最遲出現）都是坐東北向西南，沿着海灘興建，而在村落的背後是一條平均約 300 公尺高的山嶺，滿佈亂石，任人看到，「窮山惡水」四字必隨心而來。

在一眾山頭之中，在北望附近有一土名「龍船石」的山崗，山上的巨岩怪石特別的多和密，加上山勢陡峭，煞氣重，實不宜造葬，但在離山頂之下約百公尺處，偏偏隱藏着一穴墓地於石罅之間，相傳這就是蔭出劉皇發權勢的龍穴，風水師稱之為【猛虎跳牆】。

據碑文所載，穴地墓主是劉惠來公，他乃是廷裕公之三子，下款則有男、孫、曾孫共 12 個名字。查《龍鼓灘劉氏族譜》，惠來公乃是劉氏十九世祖，所生四子，其次子建秀公生有一子德英，是為二十一世祖；德英又生一子名升麟，別名天生；天生又只得一子錫平，而錫平就是劉皇發的別字。

逢喝象為【猛虎跳牆】的墓地，都主後人發富發貴，著名的上水廖氏四世祖廖應鳳墓便是如此，所以應出了不少文官。相對而言，龍船石的【猛虎跳牆】因沒有如廖應鳳墓的林木蒼翠，結果硬石頭出硬漢子，以致造就了一位權傾新界的強者。

▲劉皇發

第二十三傳裔孫皇發照像

妣錦曾氏　生子 長建波　次建祿　三建彩

十九世公諱儀來　迪廷裕公之次子也

妣黃氏　生子 長建韵　次建福　三建義　四建仙

十九世公諱惠來　迪廷裕公之三子也（民國廿四年乙亥一九三五年地形猛虎跳牆）祖墓于土名龍船石東便西向　生子 長建賢　次建秀　三建懷　四建煥

〇

妣陳氏　迪廷裕公之四子也

十九世公諱鴻來　生子 長建光　次建昌　三建鈞

妣黃氏　迪廷裕公之五子也

十九世公諱招來　生子 建經

妣獅氏　迪廷裕公之六子也

十九世公諱耀來　生子 建崇

耀來公葬于中山縣農都湖狀嶺腳沙溝村坐北向南

妣程氏　迪廷裕公之七子也

十九世公諱顯來　迪廷裕公之七子也　長建喜　次建喜

▲《龍鼓灘劉氏族譜》中記載有十九世祖惠來公下葬在【猛虎跳牆】，土名龍船石。

▼由白海豚山望向龍船石，可見【猛虎跳牆】（圓圈）坐落在亂石叢中。

村民都說，惠來祖跟發叔雖相隔四代，但觀乎全村百年來都不見有任何「猛人」，不符合風水判語，故名穴確是獨旺發叔一人，也因為此，他生平非常重視這穴墓地，雖然山路崎嶇，但凡清明重陽亦例必親祭。

那穴【猛虎跳牆】很妙，穴位四周巨石林立，其中僅有丁方之地可供下葬金塔，也是扦穴的風水師眼界了得，眾裏尋「牠」，果然一矢中的。其實，在龍鼓灘附近另一名穴也是在石罅中得來的，稱【豬肝吊膽】或【石中吐泥】，乃是屏山鄧若虛的墓地，坑尾村的「若虛書室」是屏山文物徑景點之一，他居然會葬到龍鼓灘，可想而知該穴地的「名貴」，亦可知龍鼓灘雖是「窮山惡水」，但沙中鑠金，未嘗沒機會找得寶地。

也許有人問，發叔的冒起會否是其父親或祖父墓地的影響？這方面發叔在 1980 年代已經是鄉議局主席，那時其父劉天生尚在世，故應沒關係。至於其祖父德英公，觀乎其墓地形勢（就在劉天生墓地對落），跟【猛虎跳牆】相去甚遠，實無法蔭出發叔生前的身份地位。

發叔和他的上兩代都是葬在今稱「白海豚」（因可觀白海豚而得名）的小山上，此山就是【猛虎跳牆】的「牆」，乃是龍鼓灘昔日三大葬區之一；該三個葬區的土名分別是龍仔、橫窩和過均背（約在【猛虎跳牆】的山腳），當中的橫窩就是「白海豚」的山背。

後記

　　原來以前「白海豚」向海的一邊本非葬區，只因數十年前，有懂風水的行山人士發現了山上的幾塊大石下結有穴地，發叔聽聞後，便向政府申請將該山坡列為葬區，如今發叔自選的墓地即在新增範圍內，土名「大窩塘」，也是結穴地之一。

　　有一位到過當地考察的老風水師告訴筆者，發叔的墓地確為風水佳城，只是在附近一處安葬劉大母蔡氏孺人的墓地更為精彩，另還有一穴【橫龍】地，乃姓黃所有，扦穴者也是技藝精湛，眼光獨到，值得風水愛好者再三研究。

　　龍鼓灘雖然以劉氏家族獨大，但原來還有黃、邱、楊、陳、蔡、鄭諸姓居住，只是人口稀少，不是移居就是絕後，所以當地民間也有言：「唔姓劉在龍鼓灘都唔住得長久。」卻不知跟劉氏的名穴威力是否有關了！

新界望族，弟落邪術，
父墳暗埋「七星」鬥兄爭訟

　　吾友李師傅乃茅山真心教的傳人，師承曾法能一系。他除了設館授徒，也會行法濟世。在 2016 年，他偶然接下了一宗兄弟爭產打官司的案件，由於事件涉及有人在父墳落邪術，暗害親人，有乖倫常。當事件解決後，承其信任，並得到當事人的同意，李師傅決定將經過及拍攝所得的片段，供筆者記錄廣傳[1]，好警惕世人，而本篇要說的就是這件涉及墳墓的異聞。

　　事緣李師傅有弟子識得新界某圍村望族子弟，言其父因祖父遺產事，正跟其叔打官司，雖然理直氣壯，證據確鑿，偏偏上庭後每戰皆北，叫人百思不得其解！後來其父想起祖父下葬之日，當大家都忙於拜祭，其叔卻在墳頭鬼鬼祟祟挖了個泥洞[2]，繼而在旁邊「跳舞」（按：當事人的用語）和用溪錢抹身，行為怪誕，只是眾人當時都忙得暈頭轉向，故對其叔的異行都沒有太在意，事後也逐漸忘記。但其父在輸官司後，憶起往事，疑心頓起，便再到山墳察看，發現碑後墳頭有一四方形水泥印，顯然是後來填補上去的，那刻才驚覺其叔或有蠱惑，心下大驚，恐防內裏藏下

---

[1] 李師傅給我看的影片，凡涉及當事者的聲音、墓碑、村貌和臉容都有加工或剪接，以保障私隱。

[2] 據知其弟曾叫仵作代為挖掘，但仵作拒絕，他惟有自己動手做。

了降頭一類的邪術，分分鐘謀財之後，便會害命，知道兒子識得法科的朋友，便託他找李師傅化解。

李師傅得悉事件後，知道當事人並非品格不端的人，可以一幫，便叫當事人給他一點時間思索，因為這事並非一般的掘龍脈、潑狗血的破壞風水，而是更為複雜的落邪術，他自己學法數十年，也是首次遇上，為萬全計，實不宜妄動，否則隨時會死人！

為了尋找頭緒，李師傅之後細心翻閱其師遺下的文獻和符書，居然就給他找到一條線索，跟眼前個案極為相近，稱做「九星連珠」，是類似古時的厭勝術[3]。既然有了眉目，想通了法子，他便回覆當事人，定下日期起壇。

在行事日，李師傅一早坐鎮館內神壇，他用電話遙控在墳頭的幾名弟子（按：這幾位弟子都是自願、沒有家庭負擔之人）施法，並全程錄影，以留證據。

話說當事人的祖墳原來就在圍村後山，是一座面積頗大的孖墳，而整座墓地都砌了人字磚，墓頂還種滿短短的青草作點綴，裝飾講究，顯見主人家頗為富有。

當日李師傅的破法步驟共分為八節，為免累贅，茲簡列如下：

讀祭文（向當事人祖先稟告因何動土）、拜祖先和后土、化符（清除破穢之用）、落結（法科術語，又稱「落花字」，類似

3　「厭勝」（厭音壓）是古代方士的一種巫術，謂能以詛咒制服人或物，早於漢代已有。有關以厭勝術破壞別人祖墳，早在《南齊書．祥瑞》有記，時宋明帝因忌蕭道成（按：南齊開國皇帝）的祖墓風水好，派人「以大鐵釘長五六尺，釘墓四維，以為厭勝」。

寫符，以破除邪法，其種類繁多，這次用的是「金較剪結」。）、動土、挖泥、火化挖出的物事和將火化後的物事藏山。

如此在「化符」和「落結」後，一名弟子就猛用鐵鎚敲破墳頭的四方形水泥印，但他並沒有馬上挖泥，而是退到一旁，好讓藏在地洞中的穢氣消散後才工作，以免誤吸受累！

來到此刻，法事進入主題了，大家都變得小心翼翼。也不出所料，只消數分鐘，該名弟子就在泥洞中（約一呎多深）挖出了一粒形如波子的石珠，表面寫有符字，這馬上惹來眾人一陣哄動，證明確有人做了手腳。李師傅聽得有了發現，連忙指示弟子加緊發掘，如此先後挖出了一大六小共七粒石珠。李師傅見再沒

▼ 涉事的墓地（此相拍攝時仍未安葬先人，故碑上未刻名字）

有發現（按：非九粒，這令李師傅有點意外），便吩咐弟子點火燒毀石珠，借陽火滅陰邪。其弟子最後把七粒「炭珠」埋到後山隱蔽處，而法事亦暫告一段落。

為何筆者說是「暫告一段落」？原來李師傅人生閱歷豐富，他雖破了墳頭的「落七星」，但幕後施法者也許不會罷休，故為防續有後着，他告誡當事人在家居四周安裝閉路電視，監視疑人的出入，以策萬全。

事後證明，李師傅所言不虛，只不過對方膽生毛，找的不是當事人，而是他。

就在當天晚上，李師傅在夢中便遭對方上門尋仇。那是一名年紀老邁的阿婆，她帶了一群「鄉下人」，殺氣騰騰，大興問罪之師，猛問李師傅：「點解咁多事？」，似欲置李師傅於死地，但李師傅當然不怕，雖在夢境，神功依然，遂凜然用法，毫不留情打走眾妖邪。誰知那個阿婆敗走後，仍然心有不甘，翌晚竟斗膽轉去找那個負責挖洞的弟子晦氣[4]，而該名弟子因經驗尚淺，竟不知所措，幸有神功護體，未受傷害，但也嚇得從夢中驚醒，連忙致電師父求助。

李師傅聽後，忍不住罵道：「對方是邪魔外道，我們正大光明，豈會忌憚？你是茅山弟子，為何不行法打走他們？」便教他

4　據李師傅言，弟子所見的妖邪都是身帶傷痕，部份更是斷手斷腳，想是早一晚登門尋仇時，給他打傷的。

▲墓背墳頭見有一四方形水泥印（箭咀示），其色澤跟四周明顯不同，顯然是後來新添的。

▲李師傅的弟子鑿開水泥

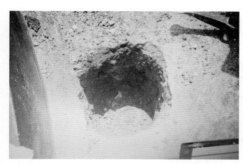

▲埋下七星的泥洞

▲其中一位石珠

▲一共有六小一大七粒石珠

▲火燒後的石珠

▲茅山真心教一代宗師曾法能

▲李師傅的神壇

◀筆者為證事件真實，親自到涉及墓地考察，見墳頭泥洞已重新修填。

還擊之法。

　　給師父訓斥，該弟子恍然大悟。果然第二晚，弟子剛睡下，阿婆及一眾「鄉下人」又再騷擾他，但這次弟子不再膽怯，馬上施法，終打得一眾妖邪落荒而逃！而經此兩役，兩師徒自此再未遇上滋擾，想是對方知難而退，只得收手，而事情到此才真正告

一段落。

　　回說自從邪術被破後，當事人的弟弟在幾個月後，突然急病入院。有此異動，當事人馬上告知李師傅。李師傅聽罷，言那應是破法的後遺症，其弟患上頑疾，所貪的錢財最終亦只會盡花到醫藥費上。而就筆者所知，直到 2020 年中，該人仍須臥病床上。

後記

　　筆者訪尋名穴掌故有年，對一些以厭勝術破壞別人祖墳的事，多有所聞，但因沒有親眼所見，故一直只抱姑且聽聞的心態看待，直到得知以上個案，才確信邪術存在，也難怪有時跟鄉人登山祭祖，他們都會煞有介事的在墳頭四周察看，原來那決非多此一舉，這實在叫人既心驚、復無奈！

張子強的秘密，失祭古墓蔭庇賊王？

在賭博術語之中，有所謂「燒冷灶」，意指押賭注在冷門之上；民間亦有一種「冷灶伯公」之說，意指一些長遭冷落的地方小神靈或荒墳先靈，平日沒有人供奉香火，若突然有人拜祭，必定感激萬分，對一切祈求都會全力幫忙，十分靈驗。對此，也許有人視之為無稽之談，但在香港當代歷史上，有一個人正正就是得助於「冷灶伯公」而大發，他就是鼎鼎大名的賊王張子強。

這個「冷灶伯公」其實是一個半月形墳墓，位於香港某郊野公園密林之內，位置隱密，就連政府網上地圖亦無記錄。依碑文所載，其墓主姓范，沒名字，原是光緒四年（1878年）所立，但在1996年重修，而經手人就是張子強。

姓張的人居然會為姓范的重修墳墓，而墓中人竟然是一個清朝古人，任你如何魯鈍，相信也必然想到背後大有文章，何況此人是個無寶不落的亡命之徒？

話說張子強在成為大賊之前原是個裁縫師，因收入少，經常入不敷支，平日都希望走捷徑脫窮根，但一直沒有機會。大約在1980年代尾，一日，他同一個死黨去郊野公園行山散心，當他行到一處斜坡時，突然間一聲不發，就爬上了坡頂的密林處，其友見他行為古怪，以為他發現了甚麼新奇物事，因身手不及張子

▲張子強最大的秘密就是這座助他發達的古墓

▶碑上清楚刻有張子強立等字

259

▲ 此墓重建後不及一年，兩邊墓手崩裂，張子強的朋友認為是凶兆。

▶ 張子強

香港名穴掌故鈎沉

強，便站在原地守候。如此等了十來分鐘，張子強回到小徑，朋友便問他上面有甚麼東西，引得他爬上去看？

原來他見上面隱約有個墳墓，突生好奇心，便上去一看，發覺是一個荒墳，其金塔已破爛，碑亦只剩一半，景況淒涼。那時張子強忽然觸景傷情，心想：「我咁慘，你又咁慘」，便默禱假如他一朝發達，必定回來重修墳塋，跟着點了幾口香煙拜祭就離開。

如此過了幾日，張子強又同死黨見面，但這次他一臉興奮，連說快要行運，其死黨當然猛問究竟。他便說自從拜過那個荒墳後，回家數天，每晚都發夢見到一些麒麟和龍跟他玩耍，他甚至騎着龍在屋內遨遊，非常快活。他認為這都是好兆頭，暗示鴻鵠將至，遂放膽立意食「大茶飯」。及後，張子強連續做了幾單劫案[1]，都輕易脫身。如此一來，他的膽子更大了，之後就發生了1991 年中的啟德機場解款車劫案，涉款一億七千萬港元，破了香港劫案紀錄。

接連發大財，張子強深信是全賴「祖師爺」（張子強及死黨用語）的庇護，為了守諾言，他暗中叫人去修葺荒墳，但由於位處郊野公園，不可能大肆維修，所以只是建了一間小金塔屋重新安放骨殖。誰知他的一舉一動已給狗仔隊跟蹤，差人見他爬入密林中，以為是收藏贓款處，便待他拜祭離去後，拆毀金塔屋，

1　包括一宗 3,000 萬名錶劫案。

徹底搜查了一次，當然一無所獲。

同年 9 月，張子強被捕入獄，判監十八年，而在獄中，他又有奇遇，就是經常夢到一些麒麟安慰他，叫他放心，說這次一定冇事，實走得甩。果然去到 1995 年，他真的上訴得值，獲當庭釋放。出獄後，他一直沒有忘記郊野公園的荒墳，便馬上去拜祭，哪知見到的竟是個廢墟，他於是又花了近 10 萬元去重建它[2]，更在碑的下款刻上張子強三字，時當 1996 年，也就是現在的模樣。

張子強在立碑後，接連幹了兩宗驚天綁票案，雖然發了大財，也逐漸走上生命的終結。事後據知情人言，張子強雖然多年來都得到荒墳「祖師爺」的眷顧，但也是心太紅了，不懂收手，他幹的案件一件比一件大，大得連「祖師爺」也無力庇佑，結果重建的新墳不及經年，兩邊墓手都無緣無故爆裂，此實乃凶兆，只是當時的張子強已無法得知！

後記

張子強後來在內地落網，1998 年被槍決。他死後，那個郊野公園內的「祖師爺」墓並未失祭，因世上仍有人知道這個山墳的秘密。

2　因重修要擴大墓地和偷偷摸摸在晚間進行，所以張子強給了承建商一個豐厚價錢。

後記

　　回想在中學時代，我已愛上香港掌故，大學畢業後，更發覺讀之不足，特別是有關新界鄉村的風俗掌故，深忖要做得有成績，力不到不為財，非親自下鄉搜集不可。但説到對山墳歷史感興趣，還要數 1990 年我在亞洲電視《香港乜都有》第二集中所寫的一節劇本，那環節叫「名穴幾時有」，講的正是新界氏族的風水地。為此我接連去了幾趟錦田做訪問，找來不少一手資料，結果劇本完成後，我對本地名穴也生出了巨大好奇心，簡直是到了一發不可收拾的地步！

　　由 1990-1999 年間，我和內子行山遠足，每遇墳穴，也不避俗人之忌，例必拍照抄存，初時只是作為一種香港歷史的私人記錄，但漸漸發覺，坊間的書刊竟沒有一本墓穴掌故的專述，有的只是散見報紙雜誌的風水評論，但內容全以理論為主，又充滿深奧的專門術語，若非行家，實在很難叫人產生興趣，於是便有自己來一本的念頭。

　　1994 年尾，當我負責部份《今日睇真 D》的策劃工作後，我便籌備拍攝一系列有關風水名穴的特輯，好藉此保留這些一直給人遺忘的香港歷史，而本書的內容就是以這系列特輯為基礎。

　　那次「香港名穴傳奇」一共拍了十多集，播了近半年，過程

中我最大的滿足，是能把四散流傳的名穴掌故投入到媒體的記錄中，不讓它在民間消散；平心而言，本書所記的名穴史事，相信許多是連墓主的子孫也不清楚的，而我每介紹一個名穴，就是保留一個姓氏，一個家族，一條村落的歷史故事，好為當下重工商輕文史的世代，召回一點集體回憶，並告訴他們，其祖先擁有的古人智慧，及遺下的一番苦心。

飲水思源，本書能寫成要多謝很多人，最重要的一位就是香港堪輿界中的大師級兼具俠客心腸的人物——黃文超先生（觀龍）。沒有他的慷慨無私，把多年來所收集的香港名穴掌故傾囊相授，又不厭其煩地指點，這本書的內容必定大打折扣。黃老師是名穴的百曉生，甚麼奇穴怪穴的出處掌故總是能如數家珍，更難得的是他能從不同風水古籍中找來相關的理論憑證，繁徵博引，好解答古人留下的風水謎團，實是學者與堪輿師的混合體。

另外，要謝的是多位鄉村父老——錦田鄧枝泰先生、屏山鄧昆池先生、2005 年去世的曾大屋曾德福先生和 2019 年去世的屏山鄧順發先生等等，還有就是前亞洲電視同事張國文先生。

我的民俗研究生涯始於 1999 年，起點就是本土名穴掌故，及後由「點」開展至「線」，再由「線」擴展至「面」，由名穴至本土的鄉村、氏族、風俗、信仰研究等等，全皆由追尋墓穴歷史而來，此亦所以我為何對本書情有獨鍾的原因！